SCIENCE TRAVEL GUIDE
科学导游指南

丛书主编　陈安泽
本书主编　陈　东
编著　胡济元　邬祥林　郑忠东　黄　波　徐　红

上海科学普及出版社

图书在版本编目（CIP）数据

常山科学导游指南/胡济元，邬祥林等编著.——上海：上海科学普及出版社，2014.6

（中国国家地质公园丛书）
ISBN 978-7-5427-6099-9

I.①常… II.①胡…②邬… III.旅游指南—常山县 IV.①K928.955.4

中国版本图书馆CIP数据核字（2014）第096484号

责任编辑：胡　伟
封面设计：李　军

中国国家地质公园丛书
常山科学导游指南

胡济元　邬祥林　郑忠东　黄　波　徐　红　编著
上海科学普及出版社出版发行
（上海中山北路832号　邮政编码200070）

各地新华书店经销　上海豪杰印刷有限公司印刷
开本889×1194　1/32　印张4
2014年6月第一版　2014年6月第一次印刷
ISBN 978-7-5427-6099-9　　定价：24.00元

丛书主编

陈安泽
著名旅游地学专家、中国地质科学院研究员

本书编辑委员会

名誉主任//潘圣明
主　任//孙乐玲　陈　东
委　员//赵晓宏　段卫国
主　编//陈　东
编　著//胡济元　邬祥林　郑忠东　黄　波　徐　红
摄　影//陈婧赟　罗文富　徐小燕　汪晓峰　张万春
　　　　肖　青　刘良国　陈水和等
照片提供//常山县国土局、常山县旅游局

主编的话

地质公园（Geopark）是21世纪涌现出来的一项新生事物，是地质工作开拓服务领域的一项创举，是旅游业的一个新品牌。顾名思义，地质公园是以地质遗迹为主要观赏、游览对象的公园。地质遗迹听起来似乎有些陌生，其实自然界的山山水水、古生物化石等都属于地质作用形成的地质遗迹，那些以真山真水构成的自然公园，都属于地质公园的范畴，只不过在本世纪之前没有正式命名罢了。值得特别提出的是，建立地质公园的思想是中国旅游地学家率先提出的，地学家从20世纪70年代末期为中国蓬勃兴起的旅游业服务中受到启发，为了保护地质遗迹和为旅游业提供具有地学知识含量的旅游场所，于1985年先后向国务院和原地质矿产部提出建立"地质公园"、"国家地质公园"的建议，因当时时机尚不成熟而未能正式实现。上世纪末，联合国教科文组织提出了建立"世界地质公园网络（Unesco Network of Geoparks）"的倡议，中国旅游地学家抓住这个机遇，于1999年向国土资源部提出建立地质公园的建议，国土资源部接受了建议，决定开展中国国家地质公园计划。于2000年末，云南石林等中国首批国家地质公园诞生，也是世界上第一次出现"国家地质公园"。到2011年止，中国已建成140处国家地质公园，另有60处获得了建设国家地质公园资格，正在积极建设中。在中国及欧洲的推动下，2004年世界地质公园正式面世，现今中国已有26处地质公园成为联合国教科文组织"世界地质公园网络"成员，并有大批省级地质公园建立。在短短的11年中，一个管理级别有序、地质景观类型多样、地理分布面广的中国地质公园体系已初步建立，地质公园已成为最受欢迎的旅游对象之一，并展现了光明的发展前景。

地质公园担负着三项主要任务：第一，保护自然环境，保护地质遗迹；其次，开展普及地球科学知识，促进全民族科学素质的提高；第三，开展旅游活动，促进地方经济社会可持续发展。地质公园中不但含有各种具有特殊科学价值和美学价值的地质地貌景观，同时往往含有重要价值的人文景观和丰富多彩的生物、气象景观。游人在地质公园中，不但可以欣赏到山水美景，享受到优良的生态环境，还可以在游览中顺便获得许多地学、生物学和历史文化知识，增加游兴，获得高层次的精神享受。

但是，由于山水形成的道理较为深奥，许多游人在游山玩水中想获得这些知识却缺乏途径。为了把地质公园内涵丰富的科学价值、美学价值和历史人文等信息更好地传递给公众，使游人在欣赏山川美景、享受自然风光的同时，能够获取科学知识、感悟历史文化熏染，我们在各级国土资源部门和各地质公园的支持下，组织了国内著名的旅游地学专家，编纂了这套"中国国家地质公园丛书"。截至2011年已出版了庐山、五大连池、黄山、张家界等9本，受到了读者的热烈欢迎，也极大地鼓舞了编写人员的创作热情。自2012年起，对丛书进行改版，将国家地质公园按批准顺序编号，加快出版各地质公园单行本，并按惯例将各省按序编卷，出版各省、市国家地质公园丛书分卷本。丛书以国家地质公园为单位，从科学导游的角度，深入浅出、图文并茂地阐述各地质公园中各类地质地貌景观的形成演变、发展过程，同时还系统地介绍公园其他自然和人文景观，使科学和人文融为一体。书中还把各种景物按园区和旅游线路组织起来，方便读者阅读使用。另外，书中也介绍了公园周边风景名胜及去地质公园时如何安排吃、住、行、游、购、娱等实用信息，对自助旅游可以起到较好的指导作用。本丛书还是了解中国自然山水、人文历史的知识宝库，具有重大的收藏价值。

本丛书是一部巨著，并将随着地质公园的发展日益增多。笔者年事已高，完成这部巨著已力不从心，企盼尽早有人接替。衷心感谢王艳君同志、各位作者、上海科学普及出版社等在编辑出版过程中的尽力协助。

陈安泽

2012年5月

目录
CONTENTS

纵览常山　　1
2 — 浙赣首站，四省通衢
6 — 钱江源头，绿色常山
11 — 我国第一枚"金钉子"地层剖面

地质地史　　19
20 — 地质背景
28 — 地史演化
31 — 研究概略

人文历史　　35
36 — 历史沿革
38 — 三衢山文化
41 — 常山人文特色之最

游览常山　　　　　43

45 — 黄泥塘园区

55 — 三衢山园区

72 — 青石园区

76 — 常山港园区

80 — 常山旅游

思索常山　　　　　87

88 — 金钉子——一个美丽诱人的典故

92 — 奥陶纪的馈赠知多少

96 — 常山何以被称为"胡柚之乡"

100 — 观赏石之乡

旅游资讯　　　　　103

104 — 行　　　106 — 住

108 — 吃　　　111 — 游

112 — 购　　　115 — 娱

中国国家地质公园丛书编制出版编目

纵览常山

赣浙首站,四省通衢
钱江源头,绿色常山
我国第一枚"金钉子"地层剖面地

赣浙首站，四省通衢

常山县位于浙江省西部，浙江母亲河——钱塘江源头，地处闽、浙、赣、皖四省边际，为浙江对周边开放的主要门户，是浙江通往江西的首站和中西部通往长三角地区的首站，它"居浙右之上游，控鄱阳之肘腋，制闽越之喉吭，通宣歙之声势"。

▲ 常山在中国的位置
▶ 浙江省地形和国家地质公园分布

常山，浙江省西部衢州市之属县，位居钱塘江支流衢江之上游，地处浙、赣两省交界处。东临衢州柯城区，西陲浙赣省界与江西省上饶市玉山县相毗邻，南连江山，北枕千里岗山脉与开化、淳安两县相接。唐置常山县，因县东有常山（一名长山）得名。县域范围呈北东—南西向延展，全县总面积1099平方千米，人口32万。县城天马镇是常山县的政治、经济、文化中心。

常山，历史悠久，文明璀璨，五六千年前的新石器时代就有人类居住。春秋时期为越国的小属国姑蔑之地，战国时臣服于楚，秦时属会稽郡太末县地。东汉建安二十三年（218）分新安郡始建县，初称定阳县，县治在今何家乡琚家、金家一带。三国时吴宝鼎元年（226），改属东阳郡。南朝陈永定三年（559），置信安郡，领信安、定阳两县，隶属缙州。隋大业三年（607）并入信安县。唐高宗咸亨五年（674），又分信安置常山县，以县南海拔761米之常山（又名湖山）而名，县治在今招贤镇古县、古县畈村；据载常山"绝顶有湖，广可数亩，中生巨鱼，有石环绕如城"。自东汉建县以来的1800年来，曾三易县名，三迁治所；唐后的1300多年以来，常山县名一直沿用至今，县府治所亦一直设在今之天马镇。

常山县现辖3个街道，6个镇、5个乡：招贤镇、辉埠镇、芳村镇、球川镇、白石镇、青石镇；东案乡、何家乡、同弓乡、新昌乡、大桥头乡、天马街道办事处、紫港街道办事处、金川街道办事处。

常山地处闽、浙、赣、皖四省边际，为浙江对周边开放的主要门户，是江西通往浙江的首站和中西部通往长三角地区的首站，也是长三角、泛珠三角和海西三大经济区的重要交汇点。县域综合交通优势明显，高速公路、国道、省道纵横交错，四通八达，是国家公路规划网中浙江境内的重要交通枢纽；九景衢铁路贯经常山、通江达海，是浙江连接中西部地区的"黄金通道"；常山江航运开发西起鄱阳湖东连杭州湾，建设规划已通过评审；县城距衢州机场仅半小时车程。

常山，山川秀丽，风光旖旎，旅游资源得天独厚。横卧北廓的千里岗山脉层峦叠嶂，宏伟壮观；县南的怀玉山余脉逶迤伸展，景色秀美。常山港横贯东西流经中部，沿江两岸纵横百里的平川沃野，造就了独具特色的第四系河流

地貌景观。县城北侧的三衢山横亘东西，由石灰岩溶蚀形成的岩溶景观发育完美，石芽、峰丛、石林、落水洞、溶洞、岩溶凹地特征典型，尽显大自然的神奇与奥妙；峰石奇异，似人类兽，情态生动，妙趣横生，被誉为"江南一绝"。城西部的太公山白鹭岛，在不到4公顷林园内聚集了4万余只鹭鸟，成为一道壮丽的生物自然风景。县城西北的黄岗山，海拔只有713米，但因山上有座千年古刹而名扬四方，正印证了"山不在高，有仙则灵"的赞语。

常山，钟灵毓秀，物华天宝，文风昌盛，人才荟萃。宋代是常山历史上科举鼎盛时期，志载有进士91名。北宋名臣赵抃曾在三衢山面壁苦读，后成一代清官"铁面御史"。南宋迁都临安（今杭州）后，皇亲朝臣多有寓居常山，著名的有官至宰相的赵鼎、大学士范冲，侍御史魏矼和信安郡王赵璩等。从新石器时代遗址到宋代以来兴建的塔、寺、坊、祠，无不记载着常山的历史。其中，为纪念明代弘治末年南京刑部尚书樊莹而建造的尚书牌楼，为浙江省现存唯一的明代木牌楼；建于南宋时期的文峰塔，至今仍巍然屹立于县城塔山之巅，成为常山古城的历史见证。又据"西河堂"刊印的《韶山毛氏族谱》卷首凡例记载：韶山毛氏"世居三衢"，故有"韶山毛氏源三衢"之说；由此认为浙江常山、江山地区应是一代伟人毛泽东的祖籍地之说，也确是有据可考的，为常山辉煌灿烂的历史文化，又谱写了绚丽多彩的篇章。

常山农业经济发达，名优特新农产品多样。自改革开放以来，大力发展胡柚、柑橘、食用菌、油茶、石蛙、乌桃、高山蔬菜、茶叶、毛竹等农业产品，形成了市场驰名的常山特色物产。其中常山胡柚、食用菌、油茶、常山乌桃、常山银毫等在国内享有较高的知名度，先后被命名为"中国常山胡柚之乡"、"中国油茶之乡"、"中国食用菌之乡"。常山是橘、柚故乡，有几千年栽培历史，《左传》、《橘颂》、《东阳记》、《水经注》都有记载。

常山胡柚外形美观，汁多味鲜，肉质滑嫩，酸甜适口。全县种植面积10万多亩，年产量12万余吨，是农业经济的主导产业和农民增收致富的支柱产品。常山胡柚被农业部绿色食品发展中心授予"绿色食品"，被誉为"果中珍品、国之瑰宝"。曾先后四次被中国国际农业博览会评为"优质农产品"，被国家列入原产地域保护农产品。常山猴头是珍贵的食用菌，因表面布满肉刺，形似猴面而名，素有"山珍猴头，海味鱼翅"之说。

常山，水陆交汇，自然资源丰富，经济比较发达。城市建设日新月异，以天马镇为核心的县域城镇体系初步形成，各类基础设施得到很大改善。常山工业生产以机械、化工、纺织、建材、造纸、矿业、食品为主导产业。省级工业开发区初具规模，吸引了包括世界500强、国内500强企业在内的一大批外来企业纷纷落户，发展活力不断增强，常山作为长三角地区交通枢纽、资源富地、投资重地的战略地位不断突出，发展前景极为广阔，是海内外有识之士的投资热土。新世纪以来，常山进一步加快工业化、城市化、信息化进程，在强化工业强县战略的同时，常山依托丰富的地学旅游资源和九省通衢的区位条件，大力发展旅游业，以带动全县第三产业的发展，实现三次产业的联动发展。

◀ 古塔夜色
▲ 胡柚
▼ 今日常山

钱江源头，绿色常山

常山位于我国地势的第三阶梯上，属于闽浙丘陵，峰峦逶迤，河流纵横，四季常青。境内以山地及丘陵为主，且大都为林地覆盖，生态环境优越，森林覆盖率达73.2%。钱塘江古名"浙江"，亦名"折江"或"之江"，是越文化的主要发源地之一，它的源头就在常州。

常山地区，地势北南高起，中部低缓，属山地丘陵型地貌。北段为千里岗山脉之东南麓山地，最高点在县境东北边界的白菊花尖，海拔1394.7米；中部处于金(华)一衢（州）中生代红层盆地西端，常山港横贯而过，沿江流域地带为河谷平原；最低点在招贤镇大溪沿村，海拔72米；南侧接浙赣省界的怀玉山余脉，山地丘陵，起伏舒展。常山地形地貌的格架，展示了常山大地南北高耸，中部低缓的地形地貌特征。

▼ 南部山地
▶ 常山港

常山南北山地，地势陡峭，地表主要出露寒武—奥陶系碳酸盐岩地层，岩溶地貌发育，形成了一批规模宏大、结构复杂的岩溶洞穴和特征典型的各类岩溶地貌遗迹与景观。宋畈乡境内的三衢山，就是一处壮美秀丽的岩溶地貌风景区。4.4亿年前的晚奥陶世时期，三衢山地区处于海洋陡坡上，沉积形成的生物藻礁灰岩，经历了地壳抬升和风化溶蚀后，形成绚丽多彩的岩溶地貌景观。三衢山岩溶属幼年期岩溶地貌，主要发育峰丛、石芽、溶沟等岩溶现象，形成了"翡翠石林"、"三衢长廊"、"峡谷"、"一线天"等岩溶景观，堪称"秀甲东南，江南一绝"，又有"华东第一石林"之誉。

常山中部，常山港流域的河谷平原地带，以曲流河多阶段发育形成的各类地貌单元及其优美景观为特色。河道曲折，河谷宽缓，河漫滩开阔，阶地多级叠置，勾绘成一幅美丽的天然画卷。

常山县水系分属钱塘江水系与鄱阳湖水系，属钱塘江水系的河流有常山港及其支流，属鄱阳湖水系的河流有球川溪。

常山港古称定阳溪，又称金川。上接开化县的马金溪，下至衢州双港口。马金溪发源于皖南休宁县青芝球尖（海拔1144米），常山港自华埠镇下界首入县境，经何家、辉埠、湖东、狮子口、天马、阁底、青石、五里、招贤等9个乡镇，总流向自西北向东，在招贤官庄村和五里泉目山村下交界处出县境，常山县境内流程46.6千米。

常山港自下界首至辉埠段，河床狭窄，岩石裸露，卵石夹砂，河床稳定少变。河道宽100米左右。自湖东至青石乡溪口段，多滩多潭，砂石混杂，

常山处于北亚热带季风气候区内。由于地形起伏变化的影响,形成南北山地与中部河谷平原地区的局部小气候特征,地区间差异显著。南北山区,气温偏低,日照短,湿度大,独特的气候环境,孕育了丰茂多姿的林木植被。中部河谷平原区,温暖湿润,日照充足,四季分明,其中冬夏两季较长,春秋两季较短。

常山冬无严寒,夏无酷暑。据2005年统计资料,年平均气温为17.8℃,其中1月份气温最低,月平均值为3.6℃;7月份气温最高,月平均值为29.6℃;全年适宜开展户外旅游活动。

由于地形影响,平原和山区的日照有明显差异。年平均日照总时数中部沿江平原地区为1900小时以上,而南北部山区则不足1600小时;太阳年

河道宽约200米。自五里乡浦口以下,河道宽约300米,砂粒径较小。常山港在县境内落差28.9米,流程形状系数为3.99。常山港流域面积3176.1平方千米,其中,马金溪流域面积2062.7平方千米。

◀ 十里长风吹璞石
◀ 绿色山林
▲ 生态良好

辐射量为4566.2兆焦耳。常山县所在的衢州市，降水充沛，是浙江省降水量最多的地区。根据统计资料，常山县2005年降水量达1430.4毫米。其中5~6月份为多雨季节，降水量约占全年的38%；10月至次年1月为枯水季节，自然降水较少。常山风向依地而异，沿江平原地区东北风和东北偏东风，山区地形复杂，风向紊乱，但台风较难深入境内。

常山县属中亚热带常绿阔叶林北缘地区，植物资源较丰富，种类繁多。2000年全县森林覆盖率为72.8%。县内已发现植物约1300多种。天然植被有5个植被型、8个群系；人工植被有4个植被型、11个群系。主要有暖性针叶林、常绿阔叶林、落叶林及常绿阔叶混交林等类型。

常山县东北以及西南山村地带，野生动物资源丰富。据调查，常山县境内有两栖类动物26种，隶属2目7科；爬行类动物有50种，隶属3目9科；鸟类110种，隶属13目30科；兽类58种，隶属8目21科；陆生脊椎动物合计有244种，其中国家Ⅰ级重点保护动物有白颈长尾雉、黑麂、金钱

豹、云豹等四种，国家Ⅱ级重点保护动物有虎纹蛙、鸢、赤腹鹰、白鹇、勺鸡、猕猴、穿山甲等28种，另外还有多种省级重点保护动物。常山县历史上毛皮兽年产量以华南兔、松鼠、貉、黄鼬、鼬獾、小灵猫、豹猫及黄麂等最多。

常山境内矿藏资源十分丰富，现已探明和正在开采利用的有石灰石、石煤、萤石等25个品种，石灰石、石煤储量分别达到49亿吨、10亿吨，均居全国前列，其中石灰石氧化钙含量高达52%～55%，是浙江省石灰石资源最丰富、品位最高的石灰石矿。此外，萤石、青石、花石的储量也比较丰富，常山奇石众多，号称"石城"。据专家考证，常山拥有丰富的"十大名石"，分别是常山石、石笋石、三衢石、常山卵石、千层石、砚瓦石（西石）、青石、花石、寿源石和萤石。这其中最有代表性的是常山石（思溪石），而名气最大的自然是青石。境内有华东地区最大的青石、花石专业市场，集散了全国各地名贵奇石，被广泛应用于园林景观、盆景工艺和家庭收藏，具有很大的开发合作前景。

我国第一枚"金钉子"地层剖面地

常山国家地质公园，处于黄山—新安江—西湖名山秀水黄金旅游线上。境内与周边邻区分布着众多国家级和省级旅游风景区，交通便捷，区位优势明显，山明水秀，自然景观与人文景观俱佳，是一处令人向往的科学考察和休闲旅游的理想之地。

常山国家地质公园，位于常山县中南部，以县城天马镇为中心，东起与柯城区交界的胡柚之乡招贤镇，西至与开化县接壤的何家长风曲流水乡，南自县城南侧的工业新都二都桥，北抵风景秀丽的宋畈乡。园区范围属县城天马镇、宋畈乡、辉埠镇、青石镇、招贤镇、何家乡等六乡镇所辖。地理坐标居东经118°23′~118°43′，北纬28°51′~29°00′之间。地质公园面积46平方千米，属中等规模的国家地质公园，由专设的地质公园管理委员会管辖。

◀ 豹猫
◀ 故宫御花园中的常山石
▼ 中国第一枚金钉子公园

▶ 奥陶系达瑞威尔阶金钉子标志碑
▶ 黄泥塘金钉子地层剖面

　　常山国家地质公园是扬子古板块上的一座以地层古生物、生物礁岩溶景观和构造地质为特色的国家地质公园。黄泥塘的地层古生物闻名于全球，三衢山因为晚奥陶世生物礁和优美岩溶地貌的结合而弥足珍贵，青石典型完美的构造遗迹令人惊叹。常山县及周边地区的地质遗迹以奥陶纪地层古生物化石、藻礁灰岩岩溶景观和构造地质为特色，以大量的江南地层区古生代层型剖面及这些地层中产出的古生物化石为主。尤以早中奥陶世（5亿~4.6亿年前）地层及笔石、牙形刺动物化石的良好发育闻名于全球。晚奥陶世（4.6亿~4.4亿年前）三衢山藻礁灰岩也以其岩溶地貌、生物特征和岩相变化的独特性而著称。砚瓦山—箬溪构造变形带以奥陶纪巨厚轻变质岩产出典型完美的构造形迹，构成优良的观赏石——花石而闻名。另外还有多阶段发展形成的各类微地貌单元和常山港河流地质地貌景观。广阔的河漫滩、阶地上胡杨林以及长风一带的气象景观等均为国内罕见。

　　黄泥塘金钉子剖面是我国发现的第一枚"金钉子"，是奥陶纪中部（在地球历史上，从4.9

▶ 奥陶世生物群复原图
▶ 黄泥塘达瑞威尔层型剖面及周边辅助剖面上的笔石化石

亿年至4.35亿年约5500万年的历史时期被称为奥陶纪）的一个全球标准地层界线。黄泥塘剖面早在20世纪70年代的浙江省地质调查中就被有关地质专家发现，1990年第四届国际笔石大会上被全面报道。1993年，以陈旭为首的国际界线工作组在黄泥塘剖面所在的江山—常山—玉山进行了野外调查后，一致提议该剖面为达瑞威尔阶的全球层型剖面点（GSSP），在发表了研究报告后，1997年1月，最终获得了国际奥陶系分会、国际地层委员会、国际地科联执行局的通过和批准。黄泥塘剖面遂成为全球达瑞威尔阶的唯一的对比标准，在该剖面建立永久性标志（即地学界通称的"金钉子"）而使该地层剖面在科学上具备了国际间对比和研究的价值。

金钉子园区以层型剖面为主，各层型剖面都保持着自然状态，部分已被植被掩盖，生态环境良好。其中的黄泥塘金钉子剖面，专业上称作"奥陶

知识链接

中生代

中生代（Mesozoic）是显生宙的三个地质时代之一，分为三叠纪、侏罗纪和白垩纪三个纪。中生代最早是由意大利地质学家阿尔杜伊诺（Giovanni Arduino）建立，当时名为第二纪（Secondary），以相对于现代的第三纪。在希腊文中，中生代意为"中间的"+"生物"。中生代介于古生代与新生代之间。由于这段时期的优势动物是爬行动物，尤其是恐龙，因此又称为爬行动物时代（Age of the Reptiles）。中生代也是板块、气候、生物演化改变极大的时代。在中生代开始时，各大陆连接为一块超大陆—盘古大陆。盘古大陆后来分裂成南北两片，北部大陆进一步分为北美和欧亚大陆，南部大陆分裂为南美、非洲、印度与马达加斯加、澳洲和南极洲，只有澳洲没有和南极洲完全分裂。中生代的气候非常温暖，对动物的演化产生影响。在中生代末期，已见现代生物的雏形。

系达瑞威尔阶全球线层型剖面",俗称"金钉子"。该剖面系统地产出了丰富完美的立体笔石化石和牙形刺,且笔石序列连续发育,全球罕见。作为划分奥陶系年代地层单元的两大主要化石门类—笔石和牙形刺,在黄泥塘剖面都得到最好的发育和保存,从而使之成为定义达瑞威尔阶全球层型点的最佳位置,

现已成为该地层单位的国际对比标准，具有重大的科学价值。黄泥塘剖面的建立，标志着常山县的地层学研究成果为全球地质年表的完善及地层学的发展具有重大意义，对我国地质科学界的国际地位具有重要的影响。金钉子剖面缓冲区外围的水库丘陵是开展爱国主义教育和科普活动的良好场所。

三衢山园区以晚奥陶世藻礁与岩溶景观为特色，晚奥陶世的礁丘仅见于川西汉源、秦岭淅川、江南淮阴和三衢山四处，并以三衢山规模最宏大，是区域古地理研究的重要地区。园区岩溶地貌的宏观特征是峰丛和岩溶凹地，微观特征是石芽和溶沟，形态上表现为各类城堡、长廊、天生桥及其组成的石林，是中等程度岩溶地区的典型代表。园区的岩溶景观和周边植被保持优美自然的形态，石牙石林千姿百态，掩映在绿色的藤蔓中，形成了城堡石林、天井石林（天坑），紫藤峡谷、仙人洞等典型的地貌景观，可谓美轮美奂。三衢山又是一个巨大的古生物礁，其藻礁灰岩形成于距今4.45亿～4.35亿年的晚奥陶纪海洋中，早期为巨大的绒毛藻灰泥丘，晚期为珊瑚—层孔虫—藻礁，产出丰富的

藻类及珊瑚等动物群化石。

　　青石园区地处青石、花石的形成区域，发育有罕见的地质构造现象，类似的构造科技文献中从未记载过。该园区的典型代表就是砚瓦山—箬溪构造变形带，其岩石分为三大层：下部为层理不好的砂泥岩，中部为层理极好、软硬相间的泥质碳酸盐岩，上部为层理极差、均匀软弱的巨厚钙质泥岩。这三大岩层遭受横向运动强烈挤压时，中部强烈褶皱，上部和下部褶皱不明显，但造成了劈理的产生（劈理是指变形岩石中能沿次生的密集平行排列的潜在分裂面将岩石分隔成无数薄板或薄片的面状构造）。劈理的产生使上部的泥岩变为色泽柔和、硬度适中的板岩，这就是优质的板材和制砚材料——青石。层理和劈理的交面把瘤状灰岩切成柱状，成为驰名国内和东南亚的园林观赏石——花石。砚瓦山—箬溪构造变形带构造体系完整，现象丰富，几何特征与力学机制清晰，把岩石本身特征对构造样式的控制作

◀ 三衢石林
▲ 岩溶峰丛
▼ 石灰岩地貌景观

National Geopark of China | 中国国家地质公园丛书

▲ 青石景区褶皱
▼ 美丽的常山港港湾

用表现得淋漓尽致，是常山国家地质公园最典型完美的构造遗迹。

常山港园区风景优美，发育有丰富的河流地貌景观、广阔的河漫滩和连片成林的胡柚树林。长风一带石门佳气等气象景观如同人间仙境一般，为常山所特有的植物景观。元代江孚作诗云："石门有佳气，横亘如长霓。朝为白云出，暮作清风归。"深秋的早晨，大雾从天门吐出，场面甚为壮观。浓雾弥漫整个山谷，崇山峻岭时隐时现，胜似瑶池仙境。阳光透过浓雾，形成光柱照射湖面，如万道霞光，蒸发作用使浓雾自湖面成柱状上升，形成"百龙升天"的奇景。更为惊奇的现象是顺风晴、逆风雨的局部气象景观，实为大自然奇迹。苏东坡亦有诗句云："十里长风吹璞石，三潭映月照断桥"。常山港自文图至官庄的46.6千米的沿途两岸已形成了第四纪地质研究与地质地理科普研究的优良场所。

常山国家地质公园，以其享誉全球的珍贵地质遗迹资源、绚丽多彩的自然地貌景观和内涵丰富的人文历史，于2001年12月经国家有关部门审核批准，成为我国首座以全球"金钉子"层型剖面为核心遗迹景观的国家地质公园。2004年1月3日，馆藏丰富的常山地质博物馆建成，并被誉为"华东第一"的地质公园博物馆；同时，常山国家地质公园揭碑开园迎客，"金钉子"也从此走出了科学的象牙塔，成为浙西地区重要的地学科研、科普、科教基地和旅游休闲的理想场所。

地质历史

地质背景
地史演化
研究概略

地质背景

常山国家地质公园，位于北东向的江山—绍兴断裂带南西端的北西侧，扬子板块的东南缘。连续的沉积作用和生物化石堆积，造就了地质公园内大量珍贵的地层古生物化石和沉积岩地质遗迹。

▲ 常山卫星影像图
▶ 琚家盆地
▶ 常山国家地质公园地质图

常山国家地质公园及周边地区，处于扬子准地台的东南缘，与华夏古陆相接壤，经历了扬子地台区不同地质时代的沉积作用和构造运动，具有典型的扬子地台构造属性。区内主要出露沉积岩地层。侵入岩出露较少，分布零星，亦未形成重要的地质遗迹。

地层

地层是地质历史的天然记录，一般是指成层的岩石和堆积物，包括沉积岩、火山岩和由这两种岩石变质而成的变质岩。常山地区的岩石地层主要是沉积岩。以岩性为划分依据的，称为岩石地层；以生物化石为划分依据的，称为生物地层或年代地

层。常山地区地层类遗迹资源丰富,既有世界级、国家级地层界线层型剖面,又有多处地层单元命名地。

常山国家地质公园出露之地层,以新元古界至下古生界海相地层出露较全,尤其是青白口系至中志留统地层连续,分布广泛,构成了地质公园重要的地质遗迹和地质景观。上古生界及以上之地层,由于地质构造作用的影响,层位缺失较多,分布零星。

新元古界下部的青白口系上墅组,是常山地区出露的最古老地层,形

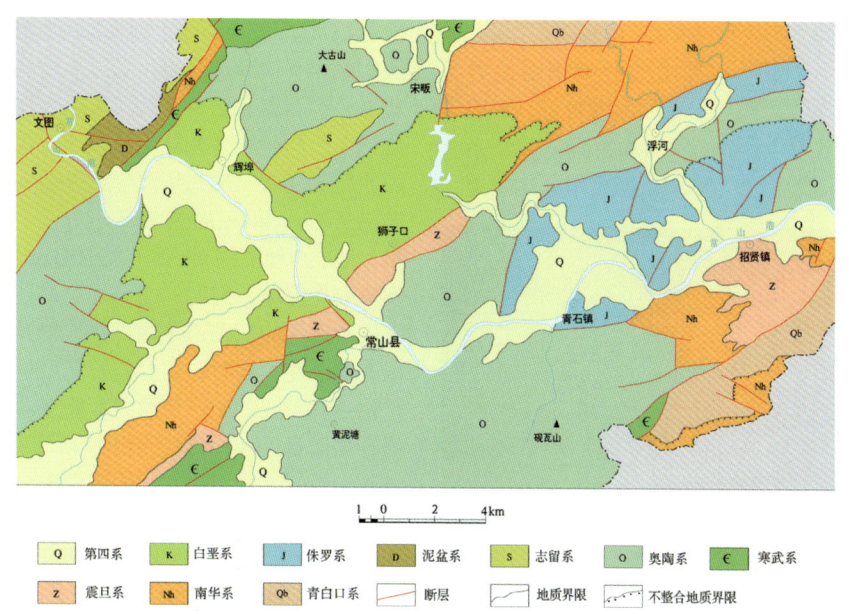

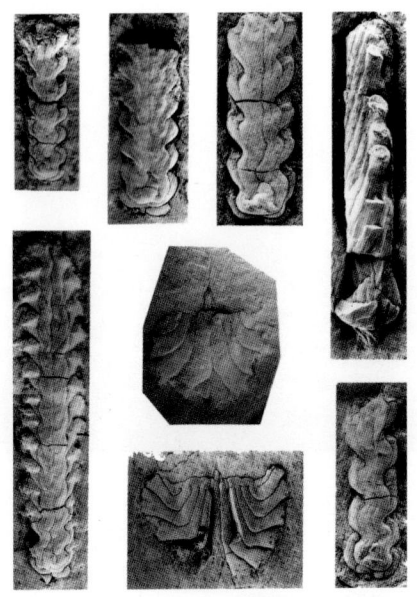

古城组、大塘坡组和南沱组,总厚度大于1200米。其中下部的塘里组和休宁组为河流浅湖相沉积,主要岩性为砂砾岩等粗碎屑岩沉积;上部的古城组、大塘坡组和南沱组,为南华冰期沉积。

新元古界上部的震旦系地层,形成年代距今约6.35亿~5.41亿年。由下而上划分为陡山沱组、灯影组、皮园村组。总厚度约307米。下部的陡山沱组,为白云岩和含白云质泥岩。中部的灯影组为白云岩,其上部产蓝藻化石堆积而成的深灰色块状叠层石。上部皮园村组,为灰—浅灰色薄层状泥质硅质岩夹极薄层状泥岩。

下古生界地层划分为寒武系、奥陶系、志留系,三系地层连续沉积,层序完整。

寒武系地层形成年代距今约5.415亿~4.88亿年,自下而上划分为荷塘组炭质泥岩、炭质页岩夹少量泥质粉晶灰岩,产石煤和结核状磷块岩;大陈岭组白云质灰岩;杨柳岗组泥灰岩和泥质粉晶灰岩互层;华严寺组粉晶-泥晶灰岩;西阳山组泥质灰岩等五个组。地层总厚度约384米。这五组地层发育典型完整,它们的命名地也都在常山和南邻的江山市境内,在地学界很有知名度。同时,这些岩石地层也是常山县重要的矿产资源,荷塘组中的石煤储量巨大,杨柳岗组和华严寺组灰岩是制水泥、烧石灰的良好矿石原料。西阳山组被确定为国家级层型剖面。

成时代距今约8亿年。主要岩性为酸性火山岩夹少量安山岩,厚约300~488.5米。该组火山岩是大地构造处于拉伸背景下形成的双峰式火山岩系。

新元古界中部的南华系地层,属陆源碎屑岩系和冰成岩系,形成年代距今约7.8亿~6.35亿年。南华系由下而上分为五组:塘里组、休宁组、

奥陶系地层形成年代距今约4.885

亿~4.44亿年。自下而上划分为印渚埠组钙质泥岩；宁国组页岩、钙质页岩夹粉屑灰岩、泥灰岩，产笔石、牙形刺化石；胡乐组硅质岩、亮晶粉屑灰岩、页岩，产笔石化石；砚瓦山组亮晶粉屑灰岩、泥灰岩、瘤状泥灰岩、瘤状灰岩，产三叶虫、腕足类化石；黄泥岗组薄层状钙质泥岩与含灰岩瘤泥岩互层；三衢山组巨厚的泥晶灰岩和藻礁灰岩，造就了三衢山风景区秀丽的岩溶地貌景观；长坞组泥岩和文昌组长石石英砂岩夹粉砂质泥岩等八个组。地层总厚度约3070米，是地层厚度最大的系单位。它们亦多以常山及邻区产出地命名，且具有重要的科学价值和经济价值；其中印渚埠组青灰色泥岩，构造变形而成知名的装饰工艺青石板；砚瓦山组瘤状灰岩，是享誉中外的园林"花石"，中奥陶统宁国组地层是全球达瑞威尔阶层型剖面，是地质瑰宝"金钉子"。

志留系地层形成年代距今4.445亿~4.16亿

◀ 黄泥塘笔石
◀ 由页岩变质而成的板岩
▼ 精美的腕足类化石

年，是地质历史中时限最短的一个纪（系）单元，自下而上划分为安吉组粉砂质条带泥岩和含笔石无纹层泥岩；大白地组长石石英细砂岩、砂岩与泥岩；康山组含砾岩屑粗砂岩、含砾细—中砂岩、粉砂质泥岩和粉砂岩；唐家坞组的中—细砂岩等四个组。地层总厚度约为960米。

4.165亿～2.52亿年前的上古生界地层划分为泥盆系、石炭系、二叠系三个系。其中泥盆系中、下统和二叠系地层缺失。泥盆系上统和石炭系共划分为七个地层组。

▼ 志留系溶岩地貌
▶ 河漫滩结构

泥盆系上统地层形成年代，距今约3.85亿～3.59亿年。上下分两组，下部西湖组，由石英砾岩、砂砾岩和砂岩组成；上部珠藏坞组，创名于常山县凌湖猪槽坞村，以谐音改为"珠藏坞"，由石英砂砾岩、粗砂岩、粉砂岩、粉砂质泥岩组成。地层总厚度约300米。

石炭系地层形成年代距今约3.59亿～2.99亿年。自下而上划分为五组：叶家塘组为砾岩、砂岩、粉砂质泥岩；藕塘底组为砂砾岩、石英砂岩、粉砂质泥岩；老虎洞组为中一厚层状粉晶白云岩；黄龙组和船山组，均为粉晶—泥质灰岩。石炭系地层分布于常山西南侧，出露总厚度约为479.3米。

2.52亿～0.65亿年前的中生代地层，自下而上划分为三叠系、侏罗系、白垩系。其中，三叠系的全部和侏罗系大部地层缺失；仅在下侏罗统晚期至中侏罗统早期和白垩系，形成并保留了岩石地层。

侏罗系中下统地层形成年代距今约1.998亿～1.63亿年。下部王沙溪组，为石英砂岩、砂砾岩和粉砂岩，厚63.7米；上部马涧组，为含砾岩屑长石砂岩，有含煤夹层，厚266.9米。

白垩系地层形成年代距今约1.455亿～0.65亿年，分布于金衢盆地和常山盆地内。自下而上划分为五个组：劳村组为砂岩、泥岩和流纹质玻屑凝灰岩，厚度大于50米；石溪组为英安质玻屑晶屑凝灰岩；冷水坞组下部为泥岩、粉砂岩夹细砂岩，上部为钙泥质胶结砾岩，厚度达1938.4米；中戴组为砖红色细砂岩、砂砾岩等，厚度大于86.7米；金华组为砖红色细砂岩、粉砂质泥岩等，厚大于318米。

自6500万年前至今为地质历史中的新生代，自下而上划分为古近系和新近系。其中，6500万～200万年前的古近系至新近系下更新统地层缺失，仅在河谷平原和山间盆地内出露有中更新统之江组、上更新统莲花组和1万年以来的全新统鄞江桥组地层，成因类型以冲积为主，次为残积与洪积。主要岩性为粘土质砾石层、砂土、网纹粘土等。

地质构造

常山地区地处扬子准地台东南缘，与华夏古陆相接壤，球川—萧山深大断裂带斜贯县域，具有典型的扬子地台构造特征。

常山国家地质公园及其邻区，经历了晋宁期、加里东期、印支期、燕山期和喜马拉雅期等五期构造运动。地层及岩石的构造形迹表明，主要构造期为印支期和燕山期，构造形迹清晰，表现强烈。其他构造期总体表现微弱。

8亿年前晋宁期地质构造运动，主要表现为整体抬升而形成宽缓的褶皱构造。扬子古陆与南侧的华夏古陆碰撞、走滑、拼贴，形成了统一的华南古陆块。

志留—泥盆纪之间发生的加里东运动，主要表现为不均匀的抬升，从而形成宽缓的褶皱构造。

2亿多年前晚三叠世期间发生的印支运动，是常山地区的主要地质构造运动，表现为北东向褶皱与断裂体系。强烈的印支期构造运动影响了整个晚古生代末以前的所有地层，并对晋宁、加里东期构造特征产生了继承、改造或叠加作用，奠定了常山和整个浙西地区的基本构造格架：北东向发育良好的向斜之间，大多缺失背斜，而被延伸稳定的北东向高角度逆断层所替代。

侏罗—白垩纪期间发生的燕山运动，是我国地质学家翁文灏于1927年以华北燕山为标准地区创名的地质构造运动。该构造运动在常山地区主要表现为以北东向脆性断裂为主、北北东和北西向断裂为次的地质构造框架;中生代陆相盆地受区域构造控制,呈北东方向展布。

新生代发生的喜马拉雅运动,在亚洲广泛发育,造就了我国西陲的"世界屋脊"。常山地区则主要表现为缓慢抬升,河流下切,形成沿河岸分布的多级河流阶地。

▲ 印支运动造就了常山构造框架

◀ 米筛尖肠褶皱

中国国家地质公园丛书

地史演化

在地球演化的漫长地史时期里，在特定的古地理、古气候环境中，经历了持续多期的地质构造运动，留下了丰富多彩的地质遗迹，使常山国家地质公园成为重要的地球历史档案和珍贵的地质自然遗产。

关于宇宙起源的学说和故事很多，中国版的创世神话是"盘古开天辟地"；西方的宇宙起源神话是"突变"，而科学揭示宇宙起源的"大爆炸理论"则认为：至少在150亿～120亿年前，宇宙及空间本身是由一个包含了宇宙全部物质的"奇点"爆炸形成。随着宇宙的膨胀和冷却，逐渐出现了星系、恒星、行星和生命。

地球是太阳系的一颗行星，它形成于50亿年前。大约在45亿～38亿年前，原始地壳开始形成。地壳上坚硬的岩石包括岩浆岩、沉积岩和变质岩。岩浆岩是由岩浆在地下或喷出地表后冷却凝结而成的岩石；沉积岩是地壳岩石风化剥蚀后，经搬运、沉积、固结而成的层状岩石；变质岩，则是地壳上原

▼ 早泥盆纪地球海陆轮廓

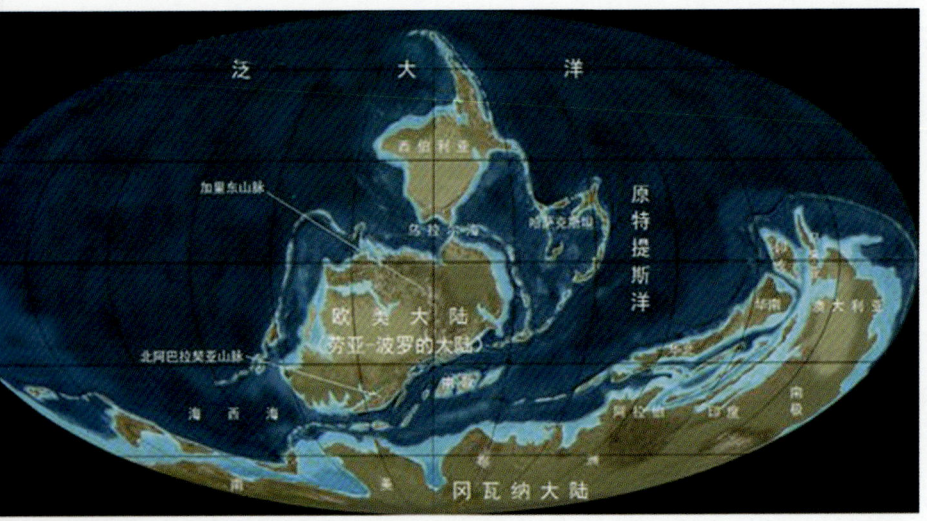

有的岩浆岩、沉积岩,经变质作用所形成的岩石。常山国家地质公园表层地壳岩石,主要由不同地质年代的沉积岩所构成。

常山国家地质公园,在地球演化的漫长地史时期里,在特定的古地理、古气候环境中,经历了持续多期的地质构造运动,留下了丰富多彩的地质遗迹和地质景观,成为重要的地球历史档案和珍贵的地质自然遗产。

晚元古代构造轮廓

10亿~9亿年前的晚元古代时期,华夏板块与扬子板块碰撞后形成统一的华南板块,海洋隆升为陆地。随后发生了大陆裂解,并伴随双峰式岩浆岩上侵,形成伴生有安山岩夹层的流纹岩火山喷发,构成了常山国家地质公园内最古老的地质体,称之为上墅组地层,其地层年龄高达8亿年左右。

距今7.8亿~7.25亿年前的南华纪早期,常山及邻区继承了大陆相古地理环境,在形成的断陷盆地内,接受陆相粗碎屑沉积。此后,海水广泛侵入,常山地区成为浅海,沉积了厚度较大的休宁组砂岩和粉砂质泥岩互层。南华纪晚期,全球气候变冷,进入冰期,称为华南大冰期,冰川发育,形成了一套冰期沉积。

晚元古代末期的震旦纪早期,大冰期后进一步海侵,常山地区成为低能盆地,沉积了陡山沱组泥质白云岩;随后逐渐海退,常山成为海中的孤立台地,在温暖的浅水中,藻类繁盛,产生了巨大的生物礁,从而形成了灯影组叠层石白云岩层,奠定了奥陶纪浙赣台地的基础。

古生代的海陆变迁

寒武纪初期的海侵,常山地区由浅水台地演变成了深水盆地,沉积了荷塘组的黑色硅质页岩。随后逐渐海退,成为海盆斜坡,沉积了大陈岭组白云质灰岩和杨柳岗组泥质灰岩。寒武纪末,常山地区成为碳酸盐浅海,沉积了华严寺组微晶灰岩和西阳山组泥质灰岩。低能、寒冷和缺氧环境,未能留下大量底栖生物化石;而浮游生物化石等被大量保存,使常山地区成为寒武纪重要的标准地层区。

奥陶系伊始,华夏地块快速向扬子地块靠拢,由于南侧陆源碎屑的进入,寒武纪的碳酸盐浅海演变成了泥质浅海,早期沉积了印渚埠组钙质泥岩。早奥陶世晚期海侵造就的低能海盆,沉积了全球著名的宁国组笔石页岩和胡乐组硅质笔石页岩与硅质岩。正是东南台地与西北海盆的古地理环境,造就了深水与浅水相沉积的混生和化石的发育。珍贵独特的地层化石组合,使黄泥塘成为全球奥陶系达瑞威尔阶层型剖面。奥陶纪晚期,地壳开始抬升。

志留纪晚期,包含常山地区的浙赣台地继承了晚奥陶世的构造运动趋势,区内地壳抬升幅度增大,沉降幅度相对减小,主要沉积陆源碎屑物质。到了距今4.16亿年的志留纪末期,地壳活动加剧,晚加里东运动使常山地区上升为陆地,并经受风化剥蚀,造成常山国家地质公园及临近地区泥盆系地层的缺失。

在经历了3000多万年的相对稳定

后,到了晚泥盆世广西运动海水又卷土重来,常山地区重新沉入海平面以下,在滨海环境中沉积了陆源碎屑岩层。到晚石炭世,海侵扩大,形成了洁净温暖的陆表海,沉积了富含珊瑚、腕足类化石的巨厚碳酸盐岩层。

从二叠系开始,常山国家地质公园及邻区地壳,一直处于抬升环境之中,未形成沉积地层。

中生代断块运动与现代地貌形成

从晚元古代南华纪到晚古生代石炭纪末的5亿年间,常山及临近地区基本处于海洋环境之中,伴随地壳的升降运动,海水时深时浅。当地质历史跨入到距今2亿年前的中生代三叠纪末期,划时代的印支运动使地壳隆起而成陆地,海水退出了浙江全境,也最终结束了常山地区漫长的海侵地质历史和海相沉积。当咸涩的海水缓缓退去之后,常山这片裸露的大地,开始经历着漫漫岁月的风雨侵袭和自然剥蚀,从而进入了大陆地史发展的新阶段。

侏罗—白垩纪时期,燕山运动又一次震撼东亚大地,板块俯冲造就了火山喷发、北北东向断裂、北东东向的板劈理和断块运动;间歇性的拉张和挤压作用,促进了常山断陷盆地和典型完美的砚瓦山—箬溪构造变形带的形成。在盆地中充填了陆相红色火山—沉积岩系。白垩纪结束后,常山地区的地壳活动主要表现为不均衡的隆升,从而造成了古近系和新近系中新统、上新统地层的缺失。

新生代时期,常山地区仍以断块活动为主导,在总体抬升、局部沉降的基础上,形成了珍稀奇异的地质遗迹和千姿百态的地质景观。在沟谷中,则堆积了第四纪沉积物。

研究概略

常山国家地质公园中主要发育有典型地层剖面、生物化石组合带地层剖面等。以黄泥塘达瑞威尔阶全球界线层型剖面最为重要。黄泥塘剖面发现于20世纪70年代，1993年国际奥陶系分会、国际地层委员会、国际地科联执行局的通过和批准，黄泥塘剖面成为全球达瑞威尔阶的唯一的对比标准。

◀ 海枯石烂
▼ 穆恩之像

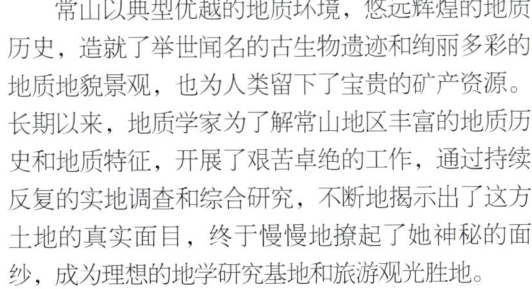

常山以典型优越的地质环境，悠远辉煌的地质历史，造就了举世闻名的古生物遗迹和绚丽多彩的地质地貌景观，也为人类留下了宝贵的矿产资源。长期以来，地质学家为了解常山地区丰富的地质历史和地质特征，开展了艰苦卓绝的工作，通过持续反复的实地调查和综合研究，不断地揭示出了这方土地的真实面目，终于慢慢地撩起了她神秘的面纱，成为理想的地学研究基地和旅游观光胜地。

常山的秀美自然风光，是何时开始被人们发现的，这是无法准确考证的疑题。但据史料记载和民间传说，北宋名臣赵抃曾在三衢山赵公岩面壁苦读，后成为一代清官"铁面御史"。又据韶山毛氏族谱记载："宋工部尚书让公世居三衢。"由此可以认为，千年前的宋代常山已是物华天宝、人文荟萃的著名郡县了。

常山地区地层、古生物研究比较充分。现代的地质工作则开始于20世纪20年代，先后有：朱庭祜等（1924，1930）、刘季辰、赵亚曾（1927）进行了开创性工作，在常山县青石镇砚瓦山，创建了砚瓦山系。许杰（1934）初步建立了奥陶系笔石带系列。盛莘夫（1934，1951）创建了常山系、西峰寺组、三衢山石灰岩。刘鸿允、沙庆安（1959）于常山城西雷公坞，创建雷公坞组。南京地质古生物研究所卢衍豪、穆恩之（1957，1959）建立了较完整的早古生代地层序列。中国科学院浙西地层队

(1959)及浙西地层现场会议,系统总结了浙西地层。至此,常山及周边地区的标准剖面建立工作基本完成,常山作为扬子地层区,江南地层标准区的地位得以确立,并逐渐以其发育良好的古生代地层剖面而闻名全球。

常山地区系统的地质工作始于20世纪60至70年代,地质矿产部系统地部署完成了1:20万区域地质矿产、水文地质、物化探调查与研究。常山地区以标准地层剖面为主的地质遗迹,得到了初步的地学价值评述和成因探讨。

1983年,地质矿产部地质科学院组织了"中国震旦系建系研究"项目,该项目的分课题详细研究了常山—江山地区的震旦系地层,尤其是青石园区附近的五家岭剖面;发现了浙西的小壳化石带,获得了震旦系的古植物微化石资料,从而成为中国震旦系华东地区的重要层型剖面,具有重要的科学价值。

20世纪80年代,世界各国为寒武—奥陶系界线层型剖面点在本国的建立展开了激烈的竟争。我国地层学家详细调查研究并建立了浙江江山碓边、吉林太阳岔等地的寒武—奥陶系界线剖面,提供了丰富的地层学资料,使我国的寒武—奥陶系剖面资料成为国际地层界线工作组选择全球层型剖面的重要参考。

1991年,地质矿产部设立了"全国地层多重划分对比研究"项目,这是一项重大的基础地质研究项目,是国际地层学变革的系统工程。常山地区的所有标准地层剖面,在该项目实施中都得到了重新划分和清理,精确地界定了剖面的类型和地理位置。

2000年,由国土资源部下达,浙江省地质调查院承担实施的1:5万常山幅、球川幅区域地质调查,运用现代地层学、构造学理论,深入开展了黄泥塘地区地质研究,完成了高精度的岩石地层、旋回地层研究和精细的填图工作。在工作中发现的海绿石质斑脱岩被采用不同方法进行同位素测年,获得了奥陶系达瑞威尔阶底界的绝对年龄值。通过调查,发现了蒲矿口滑塌堆积岩,同时证实具有分布层位的稳定性,并具有与该地区的岩相古地理差异的同时代特征,为华南地区崇义运动的研究提供重要资料。在区域地质调查中发现的砚瓦山—箬溪构造变形带,具有内涵丰富、样式特殊的地质构造现象,成为了构造地质学研究方面的宝贵资料。

层型剖面研究

常山黄泥塘奥陶系地层剖面,是在20世纪70年代地质调查中发现的。1990年第四届国际笔石大会上,杨达铨首次全面报导了该剖面的研究成果。

1991年,中国奥陶系国际地层界线工作组对浙江常山、江山和江西玉山等地区(即"三山地区")的中上奥陶统地层进行了生物地层调查,并选定常山黄泥塘剖面作为达瑞威尔阶底界剖面开展研究。该剖面沿南门溪南岸小路展布,剖面上奥陶系地层连续出露百余层,中奥陶统上部达瑞威尔阶就位于剖面的66~111层一段,厚度40.3米,内含四个笔石化石带;其中第66层之底部开始出现澳洲正形笔石,这是一类早已灭绝的海生群体动物化石,很像毛笔在岩石表面书写留下的痕迹,其化石组合和地层剖面的典型性与稀有性全球罕见。据此,国际地层委员会提名将常山黄泥塘澳洲正形笔石的始现界面作为全球奥陶系达瑞威尔阶的底界,地质年龄为4.681亿年。1997年1月,这一提名经国际地质科学联合会审查确认后,中华大地上诞生了首枚"金钉子"。

浙江常山黄泥塘奥陶系达瑞威尔阶层型剖面的研究和确定工作,历时多年,众多地质学家作出了积极努力,为此进行了大量的研究工作,获得了非常丰富的和有竞争力的珍贵地质资料,为我国第一枚"金钉子"的确立作出了重大贡献。从1991年开始,由中国科学院南京地质古生物研究所陈旭院士领导的、以中国地质学家为主体的国际地层界线工作组,对常山县黄泥塘奥陶系典型地层剖面,开展了历时5年的系统考察和研究,发表了多篇具有国际影响的学术论文,以丰富翔实的资料和充分周密的论证,先后在国际奥陶系地层分会和国际地层委员会的审查表决中获得通过,并于1997年1月得到国际地质科学联合会的确认,成为在中华大地上钉下的第一枚"金钉子",成为记录我国地质工作荣誉的标志。

◀ 卢衍豪
▼ 陈旭

国家地质公园创建史

创建国家地质公园，保护珍贵地质遗迹的设想，是1985年首先由中国地质学家提出的。1987年，开始了地质遗迹保护的法律建设和地质遗迹登录工作。1995年5月，地质矿产部颁布《地质遗迹保护管理规定》，首次将建立地质公园作为地质遗迹保护区的一种形式列入国家部门法律。1996年，联合国教科文组织地学部正式提出建立世界地质公园，以有效保护地质遗迹；同年，欧洲地质公园网络启动。1999年11月，国土资源部通过10年地质遗迹保护规划，决定建立国家地质公园。2000年8月，国家地质遗迹（地质公园）领导机构和评审委员会成立，国家地质公园申报工作启动。2001月12月，全国第一批11个国家地质公园诞生，从而推进了常山国家地质公园创建申报工作的开展。

常山国家地质公园的创建计划始于上20世纪末。1997年1月，常山黄泥塘地层剖面被国际地质科学联合会确认为全球奥陶系达瑞威尔阶层型剖面，成为中国的首枚"金钉子"和珍贵的地球遗产，也是全球奥陶系七枚"金钉子"中最早确定的一枚。

2000年，开展的1：5万常山幅、球川幅区域地质调查，查明了常山地区的区域地质背景和地质资源状况，深化了对黄泥塘地层剖面的研究程度，为以"金钉子"层型剖面为主体地质遗迹的常山国家地质公园申报工作，提供了丰富翔实的资料。2001年冬，顺利通过国家地质公园专家评审；2001年12月，经国家地质公园领导组最后审定，获准成为我国第二批国家地质公园。同年5月，浙江省人民政府批准黄泥塘"金钉子"为省级地质遗迹保护区。

常山国家地质公园建设规划方案，由浙江省地质调查院负责制订。经过近两年的努力，建成了藏品丰富的地质博物馆、"金钉子"标志牌、层型剖面保护长廊、地质公园主碑与广场、地质科普解说系统等。2004年1月3日，常山国家地质公园揭碑开园。

▶ 金钉子标志碑

人文历史

历史沿革
三衢山文化
常山人文特色之最

历史沿革

> 常山，是自然的地质遗迹资源和人文的旅游景观的完美组合，是天工造化和历史文化的绝妙创造。浓重深厚的历史文化积淀和丰富异常的人文胜迹，渗透在绚丽多彩的三衢山水之中，构成了常山国家地质公园旅游资源的重要组成部分。

常山历史悠久，春秋时期为越国姑蔑之地，战国归楚，秦属会稽郡太末县。建县已近1800年的历史。东汉建安二十三年（218），析新安县置定阳县，县址定阳（今招贤镇），属会稽郡。为建县之始。

三国吴国宝鼎元年（266），改属东阳郡。

南朝宋、齐、梁三代，隶属不变；陈永定三年（559），置信安郡，领信安、定阳2县，隶缙州。

隋大业三年（607），太末、定阳2县并入信安，隶东阳郡。唐武德四年（621），分婺州于信安置衢州，并分置须江、定阳2县，信安遂为州

▼ 常山夜色
▶ 常山县古城地图
▶ 芳村古建筑木雕

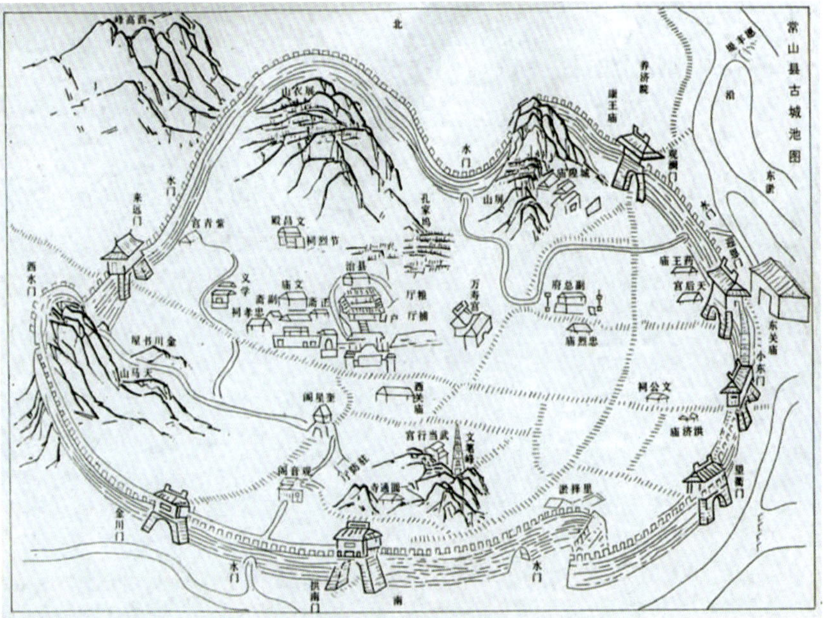

常山县古城池图

治；同时，析太末县之西设白石县并置瀫州，州领太末、白石2县，白石为州治之所；七年（624）废衢州，并定阳、须江、白石、太末4县入信安县，隶婺州；武后垂拱二年（686），复置衢州，辖信安、龙丘、常山（县以境内山命名，此为常山地名之始）3县，属江南道，信安为州治；证圣元年（695），分须江、定阳、弋阳3县置玉山县，隶衢州；天宝元年（742），改衢州为信安郡；乾元元年（758），复为衢州，同年，玉山县改隶信州；此后，常山县域基本不变，一直隶属衢州。

明太祖己亥年（1359年亦即元至正十九年），改衢州路为龙游府，治所西安县；丙午年（1366年，亦即元至正二十六年），又改龙游府为衢州府，西安倚廓，隶浙江等处行中书省（洪武九年改浙江承宣布政使司）金衢道；永乐二十二年（1424），建越王府；宣德二年（1427），越王府除。

清代沿袭明制。

1958年11月，常山并入衢县；1961年，复置常山县；辖区不变隶属金华专区；1985年5月，金华地区撤销，衢州市升省辖市，原衢州市分设柯城区与衢县，实行市管县，常山属衢州市。

三衢山文化

《隋志》记载:"昔有洪水自顶暴出,界兹山为三道,故谓三衢"。三衢山文化底蕴深厚,世人称三衢山为"衢州的母亲山"。据唐《元和郡志》记载:衢州因"州有三衢山,故取其名",并记载了唐朝名将尉迟恭建城以三衢山命名"衢州"的历史。

三衢山的历史十分悠久,早在衢州建城之前便已颇负盛名。关于三衢山的来历,《隋志》即有记载:"昔有洪水自顶暴出,界兹山为三道,故谓三衢。"唐《元和郡志》一书中记录:衢州因"州有三衢山,故取其名。"

自古以来,名山大川往往与名人事迹有着千丝万缕的关系。千百年来,三衢山孕育了一代又一代三衢儿女,明贤集萃,人文氤氲,留下一座丰富的人文艺术宝库,尤其是其突出的忠义、廉洁文化,

▼ 三衢山美景
▶ 辛弃疾像

成为衢州这座城市的精神指引。

历代文人骚客对三衢山也情有独钟，留下了诸多的诗词华章。

南宋著名词人辛弃疾路经常山，填词一首《浣溪沙·常山道中即事》，以清丽的笔触和通俗的语言，将三衢山脚下人们的悠闲生活描述得清新雅致，充满了温馨的农家气息："北陇田高踏水频，西溪禾早已尝新。隔墙沽酒煮纤鳞，忽有微凉何处雨。更无留影霎时去，卖瓜人过竹边村。"

南宋名相赵鼎回常山拜祭母亲，因局势紧张，与好友依依惜别，作诗《趋三衢别故人》："伦父何由习楚风？家山俱在古河东。相逢憔悴干戈后，追数悲欢梦寐中。掺袂又成千里别，放歌空念一尊同。他年倘有加餐字，试问渔舟鹤笠翁。"

宋代吴士晋参祭赵公岩后，留诗《清献书岩》以作纪念："先生化鹤不归来，遗迹荒芜处处哀。故宅尚闻依水曲，书岩今喜傍山隈。三冬文史余邱垄，半世勋名没草莱。留得清风起后学，瀫江还有告天台。"

明代诗人樊阜路过常山，见三衢山宛若骤然出水的芙蓉，妩媚娇艳，禁不住吟诗赞曰："析坎灵蛟髻怒撑，层峦迸裂魑魅惊，封姨迅扫阴霾净，三瓣芙蓉金翠明，山人睡起双瞳碧，镂刻琉璃不堪易。一帘香雾滴松林，柱杖微吟延月夕。"

清朝末期，常山宋畈汪楫因时局动乱不安，辞职回到宋畈老家，在三衢山赵公岩里隐居了一段时间，并在石壁上题刻了一首诗："时难年荒后，山居

亦稳然。依岩消白日，枕石问苍天。腊尽寒归路，檀香薄有田。无琴无一鹤，何以答先贤。"

另外，唐代的罗隐、宋代的杨万里、陈亮、程宿，元代的萨都剌、张可久、张雨，明代的王守仁，清代的陈韶等人与三衢山也是情缘颇深，挥毫泼墨，写下了《孙员外赴阙后重到三衢》、《明发三衢》、《七娘子·三衢道中》、《红绣鞋·三衢山中》、《驻草萍驿中》等众多精美的诗词名句，至今传颂不衰。据《韶山毛氏族谱》卷首凡例记载："宋工部尚书让公世居三衢"，于是又多出了一段毛泽东祖籍在三衢的佳话。渊远流长的典故传说，为三衢山更添了迷人的魅力。

三衢道中

曾几

梅子黄时日日晴，
小溪泛尽却山行。

绿阴不减来时路,
添得黄鹂四五声。

三衢多碧轩
赵鼎
平生爱山心不足,
寸碧已复明双眸。
暮年得此幽栖地,
枕上烟岚万叠秋。

衢山叠翠
樊莹
万叠衢山近户庭,
魏然高耸接苍冥。
晴分绿树开图画,
光射朝霞列绣屏。
拄笏常看云外碧,
倚栏闲对雨中青。
卜居最爱多清致,
人杰由来藉地灵。

赵公岩
张弼
琴鹤久沉沦,
清风振无极。
岩前书带草,
依然天水碧。

清献书岩
吴士晋
先生化鹤不归来,
遗迹荒芜处处哀。
故宅尚闻依水曲,
书岩今喜傍山隈。
三冬文史余邱垄,
半世勋名没草莱。
留得清风起后学,
瀫江还有告天台。

常山人文特色之最

> 常山历史悠久，文化深厚，建县已近1800年。历史文化积淀深厚，是北宋诗人王介、明代清官樊莹的故里，宋代诗人曾几、明代忠臣于谦、清代画家郑板桥等都曾在此留下诗文，三十六天井、樊家大宗祠、文峰塔是保存较为完整的历史文化古迹。

◀ 晨曦中的三衢山
▲ 汪氏宗祠

文字记载最早的人：詹从效

詹从效是常山名人录里的第一个。詹从效，字尧臣，原籍河南南阳，吴越王钱镠宾佐，唐代景福二年（893），任淮南节度副使，五代后唐长兴三年（932）率军驻守白石草萍。不久，弃职隐居于彤旧庄（今球川镇常周）。元代至正十五年（1355），詹渊由人才任邑尉，筑行乐窝于县南后园地，为后园（西门）之祖。

考取进士最早的人：汪韶

字舜成，北宋淳化年间（990-994），由江西省婺源鳙溪大畈迁居常山城东之宋畈，是常山宋畈汪氏始迁祖。一脉而下，共有18人荣登进士榜。故人称宋畈村为"进士村"。

担任官职最高的人：赵鼎

赵鼎（1085-1147），字元镇，号得全居士，解州闻喜（今山西闻喜县）人，后迁居常山县何家乡黄冈山永年寺（今万寿寺），死后敕葬何家乡石门山。《宋史》评价赵鼎为"中兴贤相"，《四库全目总目》则赞誉其"南渡名臣，屹然众望，气节学术，彪炳史书"。后人将其与李纲、李光、胡铨一并称为"南宋四名臣"。

百姓情结最重的人：江景房

何家江氏始迁祖——吴越国名宦江景房，胸怀爱民之心。宋太平兴国三年（978）五月，江景房任吴越国镇海军节度使判官，为解除吴越百姓过重的

税赋枷锁,在吴越国归宋后,借进献税赋图籍之机,沉籍于江。

知名度最高的官员:王介

王介是王伟的孙子,名声大,得益于家族与社会名流交往多。他与苏东坡、苏辙关系很好。在一次类似于今天竞争性选拔考试中,宋仁宗诏应科举贤良,入围的十五人中,王介拔得头筹(苏轼得第二名,苏辙得第三名)。

文化最深厚的官员:范冲

范冲,四川成都人,《资治通鉴》参编者范祖禹的长子,赵鼎姻亲,赵汾岳父。来常第二年(1128)秋被招入朝,奉命重修神宗、哲宗两朝实录,又兼高宗侍读,为高宗讲解《春秋左传》,时寓规谏。后任孝宗老师、龙图阁直学士。

参佛最透的出家人:桂琛禅师

桂琛(867-928)五代禅僧,浙江常山人,俗姓李。小的时候,桂琛就已经初显出其与众不同,不吃酒肉,记忆力超常。先拜无相为师,后寻师南宗,终于有所收获。

▲ 寻梦常山

旅游常山

黄泥塘园区
三衢山园区
青石园区
常山港园区
常山旅游

常山国家地质公园及其临近区域，在各个地质历史时期构造运动明显，曾先后经历了晋宁运动、加里东运动、印支运动、燕山运动和喜马拉雅运动等，尤其以印支运动和燕山运动表现强烈，形迹清晰；古生代时期海相沉积连续，地层出露完整，形成了地质公园内极其珍贵的褶皱、断裂构造遗迹与景观，是浙西地区最具代表性的古生代地层分布区。园区内以"金钉子"剖面和多条标准地层剖面为主体，汇聚了典型的地质构造遗迹和丰富多彩的地貌景观，是地质学家开展地层、古生物学研究的重点地区。通过深入细致的地质调查和研究工作，建立了多条标准地层剖面，从而确立了常山地区作为江南地层标准区的地位，引起国内外地质学家的密切关注，成为开展地质科学考察和学术研究的重要基地。

常山国家地质公园总面积46平方千米，共分为四个园区，分别为：黄泥塘园区、三衢山园区、青石园区和常山港园区。

黄泥塘园区

金钉子景区的主要景观是古生代标准地层，其中，黄泥塘剖面是奥陶纪中期（4.6亿年前）的一段全球标准地层，世界各地要确认这一时间间隔的地层都要跟黄泥塘剖面相对比。全球标准剖面俗称为金钉子剖面，黄泥塘剖面是我国的第一枚金钉子。

黄泥塘园区位于常山县城南侧，园区面积16.2平方千米。遗迹景观资源以层型地质剖面及保存完整而丰富的古生物化石为特色。主要包括黄泥塘全球奥陶系达瑞威尔阶层型剖面和层型点位（即"金钉子"）、寒武系西阳山组和华严寺组标准地层剖面、蒲塘口滑塌堆积岩、天马山溶洞、虎山断层、纺织厂背斜、黄泥塘表生褶皱等。其中，黄泥塘剖面由深海盆地相的页岩夹粉屑灰岩组成，产4层海绿石斑脱岩，保存了精美的笔石和牙形刺化石，能与全球不同地区的地层进行精确对比。1997年1月被国际地科联执行局批准成为全球奥陶系达瑞威尔阶底界的标准。西阳山组、华严寺组剖面由不同特征的灰岩组成，形成于低能的浅海中，是浙皖赣地区寒武系地层的标准剖面，产丰富的三叶虫和笔石化石。规模宏大的蒲塘口滑塌堆积岩，记录了4.4亿年前古地震引发的海底崩塌事件。

此外，园区及邻近的人文胜迹和景观，还有文

◀ 常山交通旅游区位
▲ 黄泥塘园区景点分布

峰塔、石硿寺、里择祠、太守公墓、大宗祠、虎山公园、展衣山公园等。

全球界线层型剖面，是为定义和辨别全球标准年代地层之间的界线而选定的独一无二的剖面，并在该剖面内指定一个独一无二的特定点作为界线点，俗称"金钉子"剖面。黄泥塘剖面是20世纪70年代浙江省在开展地质调查中发现的；90年代，国际地层界线工作组开展了大量的野外调查和对比研究工作，提议为奥陶系达瑞威尔阶全球界线层型剖面，1997年1月获得国际地质科学联合会执行局批准，成为在我国确立的第一条层型剖面、第一枚"金钉子"。

黄泥塘"金钉子"剖面地质遗迹保护区的保护设施，造型生动活泼，内容丰富多彩，是地学科普和旅游观光的理想场所。已建成的保护设施有层型剖面保护长廊、"金钉子"标志碑、游步道和地景园等。地景园内景观内容非常丰富，包括入口处迎宾广场内的常山国家地质公园主碑和"金钉子"模型，中心广场的地柱景观、花台景墙、科普文化廊、纪元廊等景观设施。

迎宾广场面积1256平方米，中央转盘花坛内抽象设计的六枚"金钉子"模型，展示了2006年以前在我国浙江、湖南、广西、湖北四省共获准建立的六处"金钉子"剖面。由于我国地质遗迹资源极为丰富，截至2008年1月，又有三处入选"金钉子"剖面。

中心广场面积2500平方米，呈海螺状，故又称"海螺广场"。广场中央，地柱景观，巍然耸立，气势恢宏，柱高19.97米，寓意常山黄泥塘"金钉子"剖面诞生于1997年；柱面上模拟黄泥塘剖面雕刻地层层序和古

◀ 常山国家地质公园主碑
▼ 黄泥塘剖面全景素描
▲ 金钉子公园

生物化石。花台景墙四块,以地柱为中心半围合形设置,墙上雕刻的奥陶纪古生物生态环境,简洁生动,趣味盎然。扇状展开的科普文化廊,着重介绍了地球科学的基础知识和常山国家地质公园各类典型的地质现象与地质地貌遗迹景观。

纪元廊,由五组门形框架组成,代表着地质公园内五种不同地质年代的组成岩石,行走其间,给人以穿越时空隧道的体验。

黄泥塘"金钉子"剖面保护区,山青水秀,环境优美,西南侧的水库水面开阔,是水上游乐和"渔家乐"休闲的好去处。

黄泥塘"金钉子"剖面

黄泥塘"金钉子"剖面的地学全名是:全

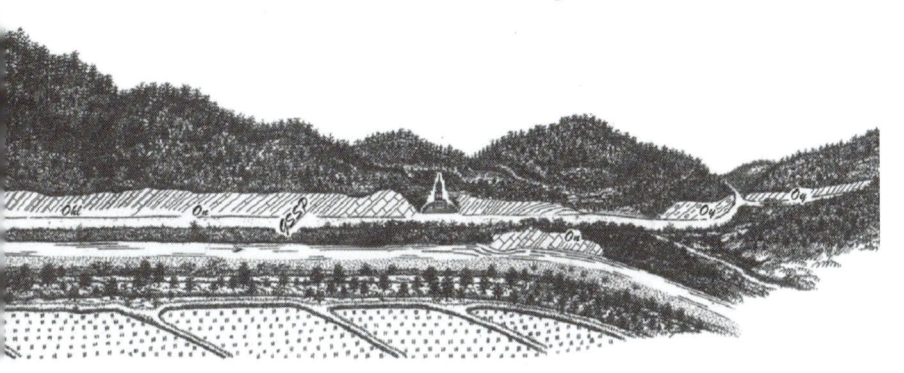

球奥陶系达瑞威尔阶层型剖面和层型点位，简称GSSP。该剖面位于常山县天马镇黄泥塘村南西约200米，沿南门溪岸边小路展布，长约200米。黄泥塘地层剖面出露奥陶系本迪戈阶至达瑞威尔阶的宁国组页岩夹粉屑灰岩，产有丰富的、保存精美的海洋生物群化石，主要有4个笔石带和2个牙形刺带。在宁国组地层的顶、底部，还赋存有4层与火山喷发有关的海绿石质斑脱岩与胶菱铁矿。

　　在黄泥塘地层剖面上，奥陶系达瑞威尔阶地层的底界是以澳洲正形笔石作为标准生物化石带来划定的。该笔石带首次出现于第183与184化石层之间，即剖面岩性分层的第11与12层之间，称为首现面。其地质年龄大约为距今4.6亿年，属中奥陶世。当时的常山黄泥塘地区，因海平面上升和地壳沉降而成为深水海盆。盆底长期处于静水环境而不适宜生物生长繁殖，主要沉积海水中的是悬浮泥屑，形成了剖面上以黑色页岩为主的地层。随着海平面上升扩散，浮游笔石死亡后沉积到泥质中成为"笔石页岩"。黄泥塘东南侧则是浅水台地，温暖富氧，适宜生物生长，牙形刺繁盛。钙质过饱和的海水，在海浪、潮汐、洋流的搅动下形成颗粒状钙质沉积岩，成岩后称为"颗粒灰岩"。这些带有牙形刺动物骨屑的钙质颗粒被水流带到黄泥塘一带的海盆中沉积下来，成为页岩中的灰岩夹层。

　　正是由于页岩与灰岩、笔石与牙形刺混生的不

▲ 黄泥塘非构造褶皱及岩层
▼ 牙形刺和笔石化石
▶ 西阳山剖面保护碑
▶ 西阳山组剖面示意图

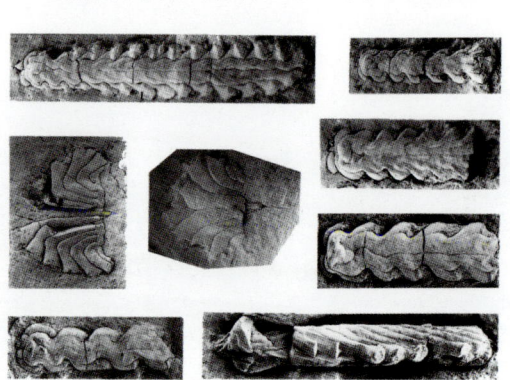

常见现象，使常山黄泥塘剖面能与不同的沉积类型区进行广泛而精确的对比，从而成为全球奥陶系达瑞威尔阶地层剖面对比的标准。

黄泥塘笔石、牙形刺化石

黄泥塘笔石、牙形刺化石，位于常山县二都桥黄泥塘村沿南门溪的岸边小路及其附近地带，是定义黄泥塘全球奥陶系达瑞威尔阶层型剖面的古生物依据。剖面上具有3个笔石化石带和2个牙形刺化石带，其化石组合和地层剖面的典型性、稀有性全球罕见。

笔石是一类早已灭绝的海洋群体动物，属半索动物门。大多数浮游生活，部分底栖。生存年代为5亿年前的寒武纪至3亿年前的石炭纪中世，通常产于黑色页岩中，形体较小，很像毛笔在岩石层面上书写留下的痕迹，故名"笔石"。

西阳山组标准地层剖面

西阳山组剖面，位于常山县城南约1.5千米的西阳山北坡，长约200米，是华南寒武—奥陶系灰岩西阳山组的标准剖面。20世纪80年代，曾被定为全球寒武—奥陶系候选层型剖面。

西阳山组原称西阳山页岩。1955年由卢衍豪、穆恩之等创名。1963年改称西阳山组，属寒武系顶部至奥陶系底部之地层。西阳山组自下而上分为两段：下段为小饼状泥质灰岩，产寒武纪的生物化石，主要有三叶虫、头足类等；上段为泥质灰岩、小饼状灰岩、瘤状灰岩或网纹状灰岩组成的韵律层，产奥陶纪的生物化石，主要有三叶虫、笔石等。根据化石的不同种属在地层中的分布特征，确定西阳山组下段形成于寒武纪晚期，而西阳山组上段则形成于奥陶纪早期。寒武—奥陶系界线，以寒武系三叶虫化石带与奥陶系三叶虫化石带的不同种

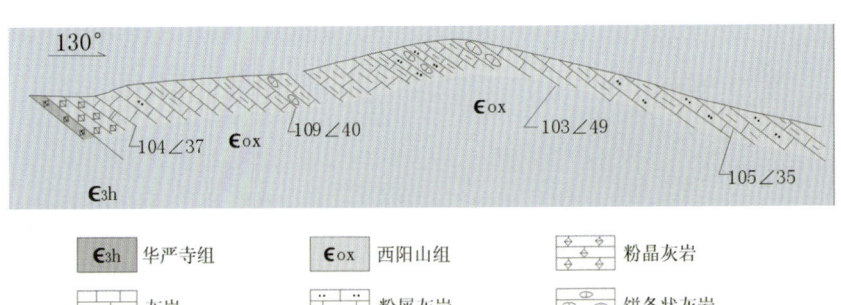

◀ "金钉子"地柱
▼ 黄泥塘变形层理泥质灰岩
▼ 页岩中的笔石化石
▼ 砂屑灰岩

属来划定。

当距今约4.88亿年前的寒武、奥陶两纪之交的西阳山组地层沉积形成之际，常山地区正处于扬子浅水台地和珠江深水盆地的静水过渡带上，沉积形成了西阳山剖面上交互成层的泥质灰岩与泥晶灰岩。在后期的成岩过程中灰岩又被压溶和拉断成透镜状或小饼状。这样的古地理环境延续于寒武纪末期至奥陶纪初期，用以指示时代地层分界的三叶虫、笔石等动物遗体沉于海底，演变成化石，成为地层划分的重要依据。1980年，地质学家卢衍豪、林焕令等对古生物化石进行研究，建立了西阳山寒武—奥陶系界线的标准剖面，成为中国东南动物群的标准地区。该剖面具有双重地学价值：既是西阳山组的正层型标准剖面，又是寒武—奥陶系界线剖面。1983年，浙江省人民政府在西阳山剖面上立碑保护。

华严寺组标准地层剖面

华严寺组剖面，位于常山县天马镇西南约1千米的石崆山华严寺附近，是华南地区寒武系上统华严寺组灰岩的标准剖面。1955年，由卢衍豪、穆恩之等创名，原称华严寺石灰岩，1963年改称华严寺组，属寒武系上统下部之地层，为杨柳岗组与西阳山组之间的一套条带状灰岩，夹少量泥质灰岩等。产三叶虫化石。

大约在距今5亿年前的晚寒武世时期，全球海平面下降，常山地区成为浅海台地，海水温暖富氧，适宜海洋生物繁殖。正是由于生物活动等多种原因，使海水富含钙质而沉积了以条带状灰岩为主体的华严寺组地层。该组的主要岩性组合为层厚3～6厘米的薄层状粉—泥晶云质灰岩与层厚1～3厘米的极薄层状含云母泥灰岩韵律互层。岩性单调，岩石中微纹水平层理发育，厚度大于78.9米。与下伏的杨柳岗组、上覆的西阳山组泥质灰岩均为整合接触。

常山石崆山华严寺剖面，为晚寒武世华严寺

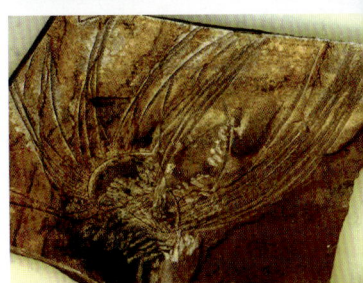

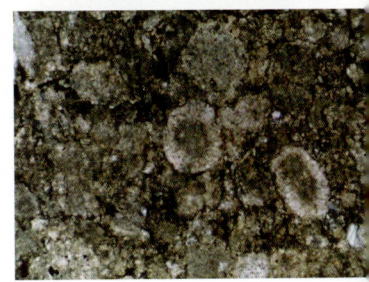

组的正层型地层剖面，中国华南地区华严寺组地层的对比标准。

石崆寺

石崆寺，位于常山县城西南约1千米的石崆山下，是一座唐宋时期古刹，原名华严寺，因寺内藏有一部《华严经》而取名。后因经本失传，人们则多以所在山为名，改称石崆寺。明清时期，寺附近有漱石亭、供缘亭、赤雨楼、问庄亭等辅助建筑。石崆寺由前殿、中大殿、后殿、偏殿四部分组成，占地1014平方米。前殿为"天王殿"，中殿为"大雄宝殿"，后殿现作接待佛门弟子之用，偏殿为"地藏宝殿"。清顺治初，僧人立涛重修。光绪十年（1884），修建大殿。民国十九年（1930），重修大殿。1993年重修石崆寺，佛像于当年农历九月十九日开观。前殿、偏殿年久失修已废，大殿和后殿尚存。

华严寺与地质有缘，1955年，地质学家卢衍豪、穆恩之将寒武系上统华严寺组地层单元创名于此，华严寺亦由此而扬名地质界。

▼ 石崆寺
▶ 纺织厂背斜
▶ 黄泥塘虎山公园
▶ 黄泥塘表生褶皱

天井头尖棱状褶皱

天井头尖棱状褶皱,位于常山县青石镇天井头西侧,是寒武系华严寺组灰岩受北西—南东向的近水平挤压作用,岩层发生褶曲而产生的褶皱现象。该褶皱带出露宽度约50米,呈"N"形展布,其转折端呈尖棱状。北西侧有小溶洞,洞长约4米,高1.5～3米,南东侧有宽40～80厘米,高约1米的瀑布与其沉积物钙华。洞内见有白色美观的方解石脉,走向北西,宽5～30厘米,呈不规则透镜体,裂隙中还充填有方解石晶体。

纺织厂背斜

纺织厂背斜,位于常山县天马镇纺织厂北侧约200米的采石场边,是形成于寒武—奥陶系西阳山组泥质灰岩中的鼻状构造。采石场的人工揭露结果,背斜形态特征异常清晰,轴面向东南倾,枢纽向南倾伏。该背斜叠加在区域性北东向褶皱之上,背斜翼部还发育次级褶皱,是一处结构完整、形态清晰的背斜构造。

黄泥塘表生褶皱

黄泥塘表生褶皱是一种岩溶与重力共同作用下使岩层蠕动而形成的褶曲,位于二都桥黄泥塘村附近。这里的奥陶系宁国组页岩与灰岩,其岩层原始状态是水平的,由于构造作用使其成为向东倾斜的单斜岩层。随后,灰岩发生岩溶作用,表层的灰岩被溶蚀后产生溶洞空间,覆盖于灰岩之上的页岩就在重力作用下逐渐蠕动下垂而褶曲,从而形成黄泥塘典型的表生褶皱现象。

虎山断裂带

虎山断裂带，是由6条平行断层构成的雁列式断裂带，宽约4千米，中心位于常山县城南虎山公园一带。组成断裂带的各条断层性质类似，走向北西，大多数保留了右行压扭性的构造力学痕迹，形成于约2亿年前的花岗闪长岩体也遭受了断裂的切割破坏。位于虎山公园大门内外的数条断层，露头清晰，宽约数米，断层遗迹特征尤为典型，成为虎山公园内具有地质科学价值的断裂构造现象和人们认识地球的一扇窗户。

蒲塘口滑塌堆积岩

蒲塘口滑塌岩，位于常山县天马镇东侧蒲塘村口，地处赤山坞—鲁士向斜北西翼。该滑塌岩详细保留了奥陶系上统三衢山组底部各种滑塌现象的地质记录。它展示了4.4亿年前奥陶纪末的古地震活动引起的海底崩塌事件。松软的钙泥质沉积物被地震、海啸等自然力所触动，并在自身重力的牵引下发生蠕动、滑塌后再次堆积而形成的岩石。规模宏大的滑塌作用，使三衢山组的泥质灰岩产生极度不规则变形，并过渡为断开的岩块、砾石，具有样式丰富的变形层理状、角砾状、塑性涡流团状滑塌构造。蒲塘口滑塌堆积岩指示了晚奥陶世江南古海盆的地壳活动，对重塑江南盆地的地质历史具有重要价值。

三衢山景区

三衢山景区是常山国家地质公园和常山国家森林公园的重要组成部分，其为灰岩岩溶地貌，与云南石林的壮年期岩溶地貌不同的是，三衢山岩溶属幼年期，主要由峰丛构成，微地貌为石芽和溶沟。三衢石林同时又是奥陶纪晚期（4.4亿年前）的一个巨大的古生物礁，是研究华南古生代地史的重要地区。

◀ 古地震造成的滑塌堆积
◀ 蒲塘口滑塌岩
▲ 三衢山景区景点分布

三衢山园区面积11.8平方千米。园区内遗迹景观以上奥陶统三衢山组藻礁灰岩标准剖面及幼年期的岩溶地貌景观为特色。除三衢山组标准剖面外，主要景点都为岩溶景观，有城堡石林、天井石林、紫藤峡谷、小古山岩溶凹地、宋畈天坑、仙人洞、岩口溶洞等。其中，三衢山组藻礁灰岩形成于4.45亿～4.35亿年前的晚奥陶世海洋中。早期为巨大的绒毛藻灰泥丘，晚期为珊瑚—层孔虫—藻礁，是华南晚奥陶世岩相古地理、生物礁及大地构造研究的重点地区。园区岩溶地貌发育，形成特征典型的溶芽、溶沟、盲谷、岩溶平台和石林、洞穴，典雅精致，气势宏伟，享有"江南一绝"、"象形石动物园"、"华东第一石林"之美誉。《隋志》

▲ 石芽遍布
▼ 三衢山全景
▶ 石林景观鸟瞰

记载的"昔有洪水自顶暴出,界兹山为三道,故谓之三衢"。由此可见,沿层面裂隙发育而成的岩溶沟谷,不仅造就了丰富多彩的溶沟景观,而且也成为山名的依据。两组相互垂直的节理所形成的两组溶沟,将灰岩峰丛切割成层层相叠的方块状,状如城堡,如石狮,如神龟,惟妙惟肖,栩栩如生。那组倾斜的节理,则被运移的地表水和地下水溶蚀扩展,埋藏地下的仙人洞,正是产状倾斜的灰岩节理被溶蚀扩大的结果。整座三衢山,曲径通幽,紫藤穿绕,实属旅游胜地。

由山下的洞口村进入山门,左路登山,进入石林迷宫,三衢长廊、生肖石景园、仙人洞、天坑,转入右路,经过石林世界、紫藤峡谷、观音洞等诸多景点下山,沿途石林峡谷,雄奇险幻;奇岩怪石,趣味无穷,令人流连忘返。石林迷宫,自然迂回,宫内石室宽如大厅,窄道却仅为一线。长约百米的三衢长廊,前后宽窄不一,是沿灰岩层面裂隙长期溶蚀而形成的大溶沟。

三衢山不仅自然景观绚丽多彩,人文历史积淀

亦非常深厚。据韶山毛氏族谱记载，毛泽东祖籍在三衢；北宋名臣赵抃曾在赵公岩面壁苦读，后成为一代清官——"铁面御史"。这些典故，永远都是人们游览三衢山的美好记念和追思。

游罢三衢山，在山下的三衢农家，人们可以品尝到农家风味十足的农家菜肴。

育贤山庄

北宋名臣赵抃，字清献，官至殿中侍御史、参知政事，曾与包公同在御史任职，包公分管朝外四方案件，赵抃分管朝野各部案件，两人一外一内相互

配合，相得益彰。百姓誉称赵抃为"赵铁面"，称包公为"包青天"。赵抃在外做官，从不带家属随从，一琴一鹤相伴，非常清廉。他一生为官，几十年未变初衷。司马光赞扬他"为热年清素"，苏轼评价他"清献先生无一钱，故应琴鹤是传家"。他一生为官清廉，赢得了"铁面御史"的美名，被世人尊称为"世人标表"。

据传，赵抃年轻时避难来到三衢山的一个岩洞住了下来，终日苦读，这个溶洞后人称之为"清献书岩"，是常山古十景之一。

清献亭、廉泉

为了纪念赵抃，建"清献亭"。赵抃退居家乡衢州，重游三衢山，据传在这里作了《廉泉》一首诗：伯夷死后泉流在，能使贪人一饮无"。告诫为官者"以水为镜，才能走上正道进而得以修身。"

状元桥

此桥为纪念常山县科举史上首位进士汪韶而建。北宋淳化初期，汪韶从江西婺源大畈村迁到常山县宋畈，他"爱山水之佳丽，遂卜居于宋畈"。他对当地人说："因宋世而迁，故名'宋'；因大畈而来，故名'畈'，此吾'宋畈'之所由名也"。从此，他就在宋畈安居，刻苦读书，考中进士后赴京入职，官至吏部尚书、集贤殿学士。据《常山县志》记载：从北宋淳化五年起，一直延续到明永乐二年（1404），汪氏家族一共有18人荣登进士榜。

洞口古生物化石

古生物化石是指自然作用保存在地层中地质历史时期（一般指更新世以前）的生物遗体、遗迹。主要有实体化石、遗迹化石、模铸化石、化学化石等保存类型。化石是地球发展演化的自然遗产，是不可再生的独特资源，是非常珍稀的地质遗迹。据专家估计，一万个生物死亡后，大概只有一个可能保存为化石；而被保存下来的化石，又只有极少数能被人们发现；这些已被发现的化石，大多是支离破碎的局部，仍难以了解其整体模样和种类名称。

常山国家地质公园及其周边地区，古地理和古气候环境良好。尤其是在古生代时期，海洋环境基本稳定，沉积连续，层序完整，温暖富氧的海水非常适合生物繁殖，形成了门类众多、数量丰富的生物化石遗迹。

洞口古生物化石位于常山县宋畈乡洞口村南西侧山坡上，是一处种类多样的海洋生物化石点。主要古生物化石有珊瑚、腹足类、核形石、藻类等，产于4.4亿年前的奥陶系上统三衢山组灰岩中，化石个体保存完整，成群分布，形成生物灰岩。那时的海洋生态环境，适宜大量生物繁殖，它们死亡后遗体保存在灰泥中；成岩过程中软体腐烂，硬体被保存成化石。隐藻类则在水流动中叠层生长，形成核形石。

◀ 清献亭、廉泉
▼ 海百合化石

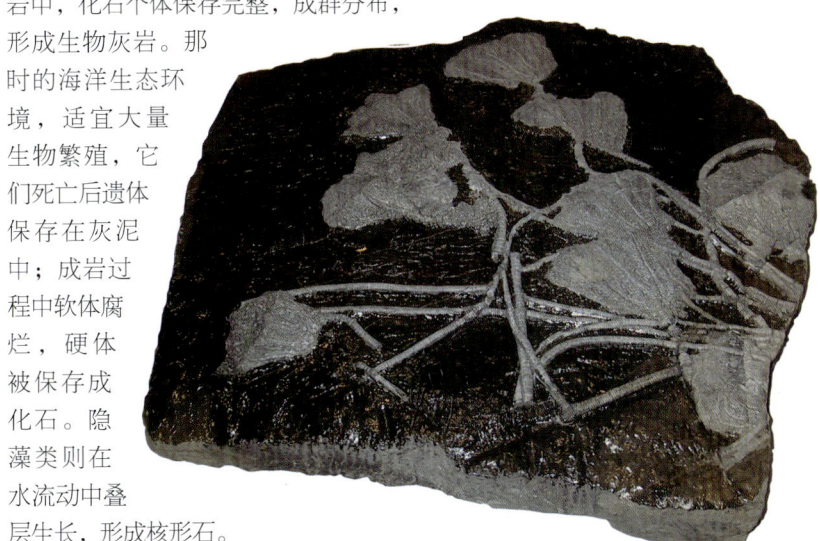

石林峡谷

石林峡谷是碳酸盐岩分布区的一种特殊岩溶地貌类型。水流沿平缓厚层的石灰岩垂直裂隙渗流溶蚀，从而形成深陡的溶沟峡谷和高耸林立的溶柱石林。

城堡石林

常山县宋畈乡洞口西山腰的三衢山石林风景区内。两组垂直相交的溶沟将石林切割成方块状岩石层层相垒，远观状似城堡，故名"城堡石林"。该石林形成于奥陶纪晚期的三衢山组中部纯灰岩内，岩层近于直立，层面上溶蚀裂隙发育，大量顺层溶沟，宽数十厘米，深十余米，沿层面延伸数十米，形成了独特的岩溶地貌景观。此外，沿灰岩近水平节理发育的溶沟，叠加于近直立的顺层溶沟之上；而孤立的石芽，则被这组近水平的溶沟塑造成"龟"、"狮"、"宝蟾"、"灵芝石"等石景，类禽类兽，栩栩如生。

▲ 石林峡谷
▲ 三生石
▶ 城堡石林

三衢长廊

三衢长廊位于三衢山景区城堡石林景点上方，是一条天然的石林长廊，长约100米，前后宽窄不一，宽处有5米，狭窄处仅容游人侧身而过。穿行其间，两侧山石嵯峨，傲然壁立，是三衢石林景区一道独特的风景线，堪称石林长廊之奇观。

一线天

一线天位于三衢山景区城堡石林内。此处石灰岩层近于直立，顺层溶沟大量发育，沿层面延伸达数十米，形成地拔双崖、天余一线的一线天溶沟石巷，长约40~50米，宽仅30~40厘米，体胖者难以通行，故被戏称为"胖见愁峡谷"。

紫藤峡谷

紫藤峡谷位于常山县宋畈乡洞口村三衢石林景区内，牛头峰与猴马峰之间。峡谷长约100米，由石林、陡壁组成，具有奇、险、美之特色。表面呈白色的灰岩中，两组共轭节理发育成垂直相交的溶沟。溶沟峡谷内，岩溶景观造型奇特，有"龙凤呈祥"、"野熊寻食"、"玉兔望春"、"雄鹰展翅"、"大圣归山"、"海鲸露

◀ 一线天
▲ 神龟卧行
▼ 三衢长廊

▲ 石林造景
▶ 紫藤峡谷

水"、"天狗守门"、"只手遮天"等象形石景观，情态生动，妙趣横生。峡谷内不仅石景奇特，自然生态环境亦非常美妙；紫藤挂满崖壁，宛如一扇扇绿色屏风。正是由于石与藤的组合，白与绿的映衬，造就了"翡翠石林"优雅独特的自然景观。

生肖石景园

生肖石景园位于常山县宋畈乡三衢山风景区城堡石林景点左上方。石景园内奇石集萃，有的像马，有的像狗，有的似龙，有的似虎，有的一石多景，左看像猪，右瞧像羊，有的如金蛇狂舞，神形兼备，妙趣横生，宛如一幅"十二生肖"全景图。散落在山坡各处的孤石，有的如仙女出浴，有的似珍禽异兽；或面目狰狞，或秀色可餐，或嬉戏相亲，或蠢蠢欲动，个个呼之欲出，令游人无不惊叹这神奇的天工造化。

洼地天坑

在石灰岩分布区,由于地表水的裂隙渗流,地表石灰岩被冲刷溶蚀成溶沟。地表以下,则逐渐发展成为岩溶漏斗和溶蚀洼地。在构造运动作用下,地壳抬升,地表流水下切,原有洞穴顶部岩层不断垮塌,溶洞不断扩大,顶板地层越来越薄,当承受不了上部岩层重压时,就会整体陷落,成为岩溶塌陷漏斗,即洼地天坑。常山国家地质公园内的小古山岩溶洼地和宋畈天坑,岩溶景观丰富,具有较高的旅游开发价值。

宋畈天坑

位于常山县宋畈乡洞口村北西大古山南山腰。周边被灰岩峰丛围限成半封闭的簸箕形,坑口朝向北东;周边峰丛海拔450～518米,坑底高程为390米。坑体呈圆桶状,由两个小天坑联合组成,总面积约7万平方米。天坑内形成大量石芽、天生桥、溶沟等小型岩溶景观。且有古藤缠绕着石林,

桂树从石缝中横生,弥猴桃果悬崖壁,灵草在峭壁上摇曳。天坑谷底既像海底龙宫,又似天庭圣地,尤以"玉如意"、"花果山"等石林群最为壮观。宋畈天坑岩溶景观玲珑满目,是三衢山风景区内重要的旅游资源。

仙人洞

常山国家地质公园三衢山岩溶景观园区,出露的奥陶系上统藻礁灰岩,色白质纯,方解石含量高,泥质含量低,岩石可溶性大,在构造运动和地下水的相互作用下,易被溶蚀成地下洞穴,造就了地质公园内许多结构奇特、景致瑰丽的岩溶洞穴景观。

仙人洞位于常山县宋畈乡洞口村北西侧大古山南侧三衢山风景区内,是在构造裂隙控制下溶蚀形成的洞穴。洞体形似东西向横卧的扁豆状,长约60米,宽约40米,高6～7米。洞内主要岩溶景观有石笋、石柱、石钟乳、流石等,晶莹剔透,争奇斗艳。洞顶30度倾斜面上石钟乳呈幔帘状,称为石幔。钙华瀑从倾斜面的顶端流出,沿

▲ 惟妙惟肖生肖石——虎羊对峙、玉兔听禅
▲ 天坑仙境
▲ 岩溶洼地
▲ 仙人洞

- 孔雀开屏
- 海枯石烂
- 清献书岩

陡坡铺溢，遇坎波折，常分成2～8截，总高度在2～3米左右，状如凝固的瀑布，称为石瀑。钙华瀑底端发育混有粘土层的塑性钙华堆积，方解石呈微片状，灯光下如群星闪烁，构成流石滩。洞内粘土堆积物中曾发掘出古币、首饰和人骨等历史文化遗迹。

海枯石烂

4.5亿年前这里是海底，而现在大海早已干涸，我们看到的是山顶，但是常山人民勤勤恳恳建设家园和热爱生活的激情从来没有变过，就像深爱的人，立下永不变的盟誓，犹如海枯石烂般的坚贞。

望君台和望子峰

三衢山，群峰峻岭严然陈列，其中一座最高、最大的山峰叫大尖山，又名大顾山，海拔518.8米。南侧有五座并列的小山叫五子山，与大顾山默默对峙。清诗人郑炫至此赋诗曰："曲曲洼流缓缓行，两涯怪石动吾情。景多琢句诗难就，山半斜阳又促行。"

清献书岩

一听到"清廉"二字，大家肯定会联系到赵抃，其美名早已永存世人心中，后人为纪念其廉明自守，将这个石室叫作"赵公岩"。赵抃谥号"清

献",所以这里被后人称为"清献书岩",是常山古十景之一。

石室现存石刻诗多处,其中清代诗人裴瑞兴刻诗云:"香岩曾向读书来,石径清幽遍绿苔。琴鹤一帘书万卷,知他花落与花开。"至今,前来奠拜瞻仰赵公岩的人依然络绎不绝。

岩口溶洞

洞口宽约12米,高3米,向内收敛分叉。洞体两侧有水平溶蚀凹坑三排,深浅不一,最深约1米,顶悬长20~50厘米石钟乳。洞口内20米处有近圆形大洞,直径10米,洞高可达6~7米,洞内石柱直径1米,高约1.5米。向南又有扁平支洞,向上延伸,通向洞外。

三衢山组标准地层剖面

三衢山组剖面,位于常山县辉埠镇黄塘坑至宋畈乡洞口村一带,是晚奥陶世三衢山组地层的正层型标准剖面。1951年,由盛莘夫创名于此。原称三衢山石灰岩,1963年北京地质学院曾称为大桥灰岩。剖面岩性为富含生物化石和泥晶的藻礁灰岩。

三衢山组剖面下部为深灰色泥质灰岩,夹有滑塌岩,产腔球钙藻化石;中部为浅色粘结灰岩和鸟眼灰岩,由绒毛藻捕获粘结灰岩而成,零星含有珊瑚、藻类、苔藓及腹足类化石等;上部为深灰色富含生物化石的灰岩,主要种类有层孔虫、珊瑚、苔藓、腕足类和藻类等动植物化石。其

中辉埠镇黄塘坑剖面，长925米，出露三衢山组下部地层；宋畈乡洞口村剖面，长1437米，位于三衢山风景区内，出露三衢山组中、上部地层。

大约在距今4.4亿年前的奥陶世时期，全球地壳活动频繁，常山三衢山一带处于北深南浅的海洋过渡带上，主要沉积泥屑和钙质沉积物，成岩后形成三衢山组下部的深色泥质灰岩。随后，海平面下降，三衢山一带浅近水表，繁盛的藻类捕获了大量灰泥结成巨大的浅色灰泥丘，为三衢山壮丽的岩溶地貌景观提供了巨厚的可溶性灰岩。此后的又一次海平面上升，三衢山一带沉入不深海水中，繁盛的海洋生物种群，使海水富含钙质，浅色的灰泥丘之上又沉积了一套深色的生物灰岩。

小古山岩溶洼地

小古山岩溶洼地位于常山县宋畈乡洞口村北约500米的小古山西。东西两侧为峰丛，南北为干谷，是一个巨大的漏斗状半封闭凹坑，面积约3万平方米。洼地内主要发育溶沟石芽地貌，造型优美。溶沟宽十余至数十厘米，深度一般大于3米，以沿层面裂隙

溶蚀居多,垂直和近水平节理为次。底部有四个形态大小各异的落水洞,最南侧落水洞直径约10米,深4~5米,呈近圆形漏斗状。北侧为一长条状落水洞,长约30米,宽约20米,深7~8米。中部落水洞巨大,近圆形,直径约200米,深约15米,有两个落水口。

距今大约4.5亿年以前,常山地区是一片汪洋大海,随着地球的运动,地壳的演变,大规模的岩浆喷出和入侵,河床抬高了,这里形成了陆地,现在我们站在山上,映入眼帘的是一层层梯田一样的石壁,沧海桑田般的变化,使人不得不赞叹大自然的无穷奥秘和神奇力量,我们人类也只是大自然中微不足道的一部分,所以我们应该谨记自己的使命,热爱和保护好我们共同生存的大自然,遵循自然规律,不要肆意破坏应有的生态环境。

◀ 泥晶灰岩
◀ 小古山岩溶洼地
▲ 小古山双乳峰

青石园区

青石景区的主要景观是由地壳运动形成的构造遗迹。我们经常用"坚如磐石"来形容大地的稳定，其实我们脚下的地壳一直在一刻不停地运动中。比如，五十万年前，印度版块和亚洲版块的碰撞，使得喜马拉雅山从海洋中隆起为"世界屋脊"。产于青石景区的青石和花石，是东南亚著名的园林观赏石，这些岩石也是由地壳运动的力量造成的。

青石园区位于常山县城东约8千米的青石镇辖区内，遗迹景观资源建立在砚瓦山—筻溪构造变形带内，以各类典型构造形迹及浅变质岩青石、花石为特色，主要遗迹景观有里方山构造剖面、池茶构造剖面、桥亭构造剖面、飞碓叠层石，以及青石、花石等。砚瓦山—筻溪变形带，是常山国家地质公园内最典型完美的地质构造遗迹。这一变形带中的岩石分为三大层：中部为层理极好、软硬相间、强烈褶皱的泥质碳酸盐岩；上部和下部为褶皱不明显、层理极差的巨厚泥岩与砂泥岩。劈理的产生，使上部的泥岩变质为色泽柔和、软硬适中的板岩，成为优质的板材和制砚材料，称为"青石"，"青石镇"则因盛产青石而得名。层理和劈理的交面，使瘤状灰岩呈柱状产出，成为弛名国内和东南亚地区的园林观赏石，称为"花石"。在这套软性的泥岩中，还夹有刚性的灰岩薄层；在整套泥岩层被压扁过程中，薄层灰岩褶皱呈肠状，极为美观。

▲ 青石园区景点分布
▶ 十八湾褶皱
▶ 池茶构造剖面图

砚瓦山—箬溪变形带，将岩石特征对构造形式的控制作用表现得淋漓尽致，是构造地质学不可多得的典型样例。这一变形带，构造体系完美，地质现象丰富，几何特征与力学机制清晰，在地学上极为罕见。人们在惊叹地壳运动神奇造化之余，也留下了不可磨灭的印象。

常山被誉为"中国青石花石之乡"和"东南亚最大的花石市场"。如今的青石镇已成为最大的国际花石市场，琳琅满目的各种花石盆景，已成为美化环境的良好选择。青石镇砚瓦山村，公路两侧绵延10余千米的石市规模宏大，气势壮观。形态各异的青石、花石和观赏石产品，琳琅满目，各展丰姿。青石细润色柔，其主要产品有装饰板材、砚石（面砚）、廊柱和工艺石雕等；观赏石类，除挺拔柱立的花石外，还有石笋石、假山石、千层石、鹅卵石、太湖石、灵璧石和意境幽雅的山石盆景等十余类，堪称"华东第一石市"。走进石乡青石镇，考察遍布怪石奇岩的露头点、采石场地和现代化的加工工艺流程；在繁华的石市上，买一件心爱的石品带回家，既可美化装饰家居，又是对旅游活动最有价值的纪念。

池茶构造剖面

池茶剖面，位于常山县青石镇南东约3.5千米的寺坞—米筛尖—池茶—长塘坞一带，是一条具有典型构造现象和构造样式的地质构造剖面。该剖面划分为米筛尖和池茶两段：北西端的米筛尖段地质主体由一套产状平缓、劈理发育的奥陶系板岩组成；极负盛名的常山"青石"与"化石"都产出于该段。东南端的池茶段地质主体是一个向斜，由震旦—寒武系的厚层碳酸盐岩和中薄层

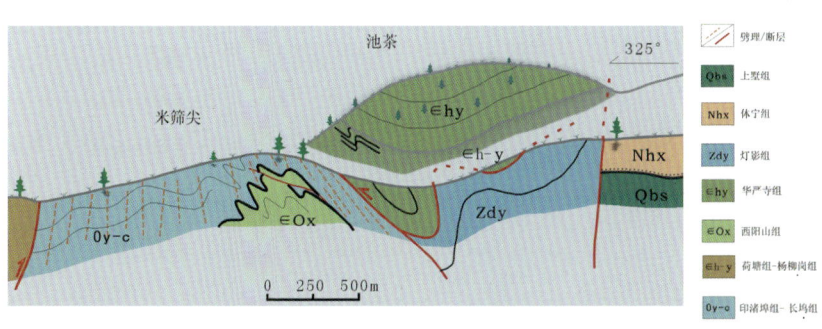

状泥质灰岩、硅质岩组成。刚性的厚层碳酸盐岩决定了总体褶皱的宽缓；软弱的中薄层状泥质灰岩与硅质岩，发生岩层扭曲，形成与岩层整体样式并不协调的层间褶皱。中间软弱层与上下刚性层之间产生接触滑脱应变带，下部的滑脱应变带露头良好，由顺层发育的强烈褶曲和褶曲带之间的韧脆性断层带组成。

桥亭构造剖面

桥亭剖面，位于常山县青石镇南东的桥亭—黄金坞—池茶一带，是一条具有典型构造现象和构造样式的地质构造剖面。该剖面以黄金坞断裂、赖家断裂为界划分三大岩片，自北而南依次为桥亭岩片、紫云洞岩片和彭家岩片。

桥亭岩片，以鸣坞压性断层和黄金坞逆冲断层为北、南界线。岩片内发育紧闭的北东走向大型褶皱；在背斜轴部可见两翼冲断叠覆现象；向斜核部发育虚脱构造，早奥陶世印渚埠组泥岩变质成板岩；褶皱翼部发育不同尺度的变形层间小褶皱。

紫云洞岩片，发育极其宽缓的褶皱，明显区别于桥亭岩片的紧闭褶皱。

彭家岩片，南界为池茶断裂，北界逆冲在桥亭岩片之上。岩片内发育极其频繁的、以宽缓为主的北东走向褶皱，伴生微弱板岩化。

里方山构造剖面

里方山剖面，位于常山县招贤镇灰山底—里方山—培地村一线。里方山剖面与桥亭剖面、池茶剖面共同揭示了砚瓦山—筶溪变形带独特的构造样式。剖面上连续整合的地层序列，形成了上、下两种不同的构造型式，称之为"双层构造"，所出露地层的力学性质分为两大套：下部为约7亿年前沉积形成的南华系休宁组砂泥岩和南沱组含砾泥岩；上部为约5.5亿年前沉积形成的震旦系泥质白云岩。南华系地层褶皱频率小，总体宽缓，且形成走向北东东的板理；其中的南沱组白云质砾石被压成扁饼状、石英质砾石旋转成云母鱼状。上部的震旦纪地层则板理不发育，而代之以高频幅的紧闭褶皱。上、下部之间，发育顺层滑脱断层。其中的鸡笼山含砾板岩点、外蓬滑脱断层点和十八湾高频幅褶皱点，将上述"双层构造"的特征表现得淋漓尽致，成为特征典型的地质构造遗迹。

溪口青石

溪口青石，产于奥陶系下统印渚埠组地层中，主产地位于常山县青石镇石宕村。青石镇原名溪口，因盛产青石

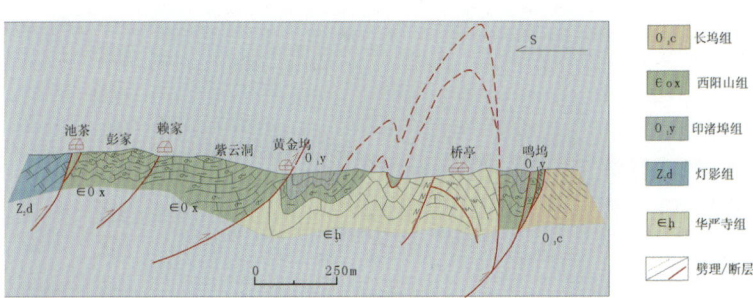

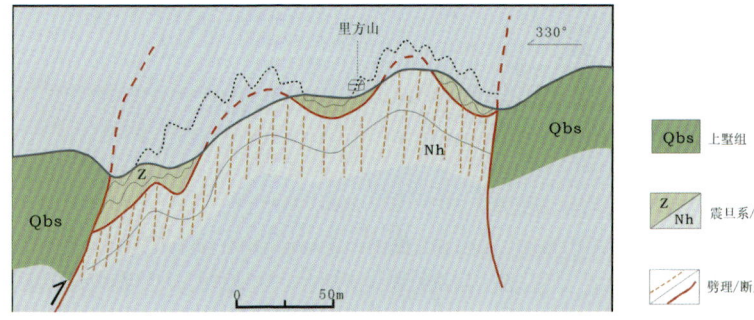

◀ 桥亭构造剖面图
▲ 里方山构造剖面

而名青石镇。溪口青石由巨厚的钙质泥岩经轻变质而成板岩，呈青灰色，故名青石。色泽柔和，光彩悦目。在强烈的构造挤压作用下，岩石中发育了透入性的连续劈理，沿着岩石劈理面易于开采剥离。岩石硬度适中，块度较好，经过适当加工之后可以制作成墙砖、地砖及砚台等工艺品，成为知名的装饰板材和工艺石材。

砚瓦山花石

砚瓦山花石，产于奥陶系上统砚瓦山组瘤状灰岩内，主产地位于青石镇砚瓦山地区，亦是该组地层的命名地。由于砚瓦山—箬溪构造变形带强烈的挤压作用，使巨厚的泥岩与灰岩地层产生层理和劈理的角度交面，造成瘤状灰岩尖棱的长片状破裂，并呈长柱状产出，造型独特，别具韵味，成为驰名海内和东南亚地区的园林观赏石。

飞碓叠层石

飞碓叠层石，位于招贤镇飞碓村南东侧附近，产于6亿年前的震旦系灯影组深灰色白云岩中，是隐藻类活动形成的生物沉积岩石，如倒扣向上的叠碗套置成圆柱状或圆锥状，柱高30～60厘米，直径4～6厘米，成群分布，易于识别。其平行地层的截面呈同心纹圈状的叠层构造，故名"叠层石"。其黑白相间的纹圈反映了隐藻类生物的昼夜差异生长规律：白天因光合作用生长迅速，并大量捕获灰泥，沉积后呈深色；黑夜停止生长，灰泥沉积后因缺少有机质而呈浅色。

常山港园区

常山港为钱塘江最大支流，常山境内的最大河流，它犹如一条绿色飘带蜿蜒横贯常山国家地质公园之东西。常山港沿岸，发育了特征典型的曲流河、牛轭湖、江心洲、河流阶地、淤汊河等地貌景观，成为第四纪地质研究与地质地理科普活动的理想场所。

常山港园区，包含东、西两片区。东为"招贤片"，位于招贤镇辖区内；西为"长风片"位于何家乡辖区内。园区内遗迹景观资源建立在常山港的河床及两岸河谷地带，以曲流河多阶段发展形成的各类微地貌及其优美景观为特色，属河流地质地貌景观园区。常山港为钱塘江最大支流，县境内流程46.6千米。著名的萧山—球川断裂从长风一带通过，将常山港分割成不同的地貌类型：断裂以西为深切曲流地貌，河道曲折，两岸山高坡陡；长风人工水库、石门佳气，景观优雅，令人陶醉。断裂以东为宽谷曲流地貌，顺流而下，曲流、阶地、离堆山、牛轭湖、心滩、边滩、汊河，发育典型，成为第四纪地质研究和地理科普的理想场所。

▼ 常山港港汊纵横
▶ 港湾美景

　　常山港是常山县最主要的地表河流水系,是改造常山地面的主要地质营力之一。在地势陡峻地区,河流下切侵蚀河床;而在地势平缓地区,水流携带砂粒向凹岸冲蚀,向凸岸堆积,形成曲流河;堆积的砂砾石构成了边滩,边滩升高扩大为河漫滩;当河水不再漫上时就成为了下粗上细的二元结构阶地。常山港的上游长风段,地史上也曾是宽缓的曲流地貌,后来的地壳运动使之抬升成山地,河流向下侵蚀河床而形成深切河谷,但又保存了原来的曲流河形态。这种恢复了下切能力的曲流河,被形象地称为回春河。长风大坝的建成,又将这深切曲流改造成了高峡平湖,水体清澈,青山夹峙,并有著名的气象景观——"石门佳气",景色迷人。长风段以下,地壳抬升不明显,因此得以保存典型的宽谷曲流河地貌。

　　常山港曲流河段和长风水库,蓝天碧水,百转千回;两岸山峦透迤,滩广林密,犹如一幅绚丽多彩的山水画卷,是开展水上漂流、龙舟划船和休闲娱乐的理想场所,还可以品尝到美味的河鲜佳肴。如今的常山港曲流河已成为一条水上黄金旅游线。

　　黄冈山,海拔713米,虽不算高,但因山上有座千年古刹万寿寺,而使黄冈山名扬四方。山脚处的鸟鹰坞水库,近20米高的拦水大坝巍然屹立,峡谷碧水造化出了"高峡出平湖"的意境。山上的万寿寺建于南宋以前,已有千年历史;南宋名相赵鼎寓居寺中,留下了丰富的遗踪胜迹和脍炙人口的故事传说。山顶上的"僧尼会面"天然石景,是由三块独立岩石组合而成;左右两石酷似僧尼会面之造型,中间隔着一只"大香炉",传说他们的会面,为的是争续这炉香火。

　　黄冈山林木繁茂,植被苍翠,属国家级生态公益林区。既有苦槠、银杏等古树名木,又有遍布全山的杉、竹和灌木,浓荫蔽日下的流泉飞瀑,造就了一处清凉世界。园区内的古墓、古桥、

寺院、祠堂等,是蕴涵丰富的历史文化景观。

长风深切曲流河

长风深切曲流河,位于常山县何家乡文图至长风大坝一带,是常山港的文图—长风河段,是蜿蜒于高山峡谷之间的曲流河道。该深切曲流河段直线距离约1.8千米,河曲全长约2.5千米,河谷底部宽度100～150米。两岸山高坡陡,河谷大致呈"U"字形,属地面抬升与河流下切速度基本协调时河流逐步下切而形成的山地峡谷地貌。在该深切曲流河上,建有长风水库,用以蓄水发电,水体清澈碧透,两岸青山夹峙,并有著名的"石门佳气"自然气象景观,景色迷人。如今的长风水库已备游船,开展水上娱乐活动,成为休闲度假的好去处。

招贤宽谷曲流河

招贤宽谷曲流河,位于常山县九龙山—招贤镇一带,是常山港曲流河谷较宽的河段及其两岸的堆积地貌景观。河道边滩、河心滩、阶地、江心洲、牛轭湖、汊河等河流地貌发育良好,保持了其原有的优美形态。近1万年以来深切曲流河段地面抬升幅度的差异,微弱的地面抬升,使该河段保存并进一步发育成典型的宽谷曲流河地貌。两岸丘陵起伏,山色苍翠,宽阔平坦的一级阶地,茂密的胡柚果林,深浅变化的曲流水体,缓急相随的水流,构成了美妙的宽谷曲流景观。

富足山河流阶地

富足山河流阶地,位于常山县天马镇富足山—王家山一带的常山港凸岸上,自上而下有三级:上部为Ⅲ级阶地,即王家山村庄所在地,由第四系上更新统莲花组冲洪积粘土、亚粘土及砂砾层组成,宽100～500米,高2～3米;中部为Ⅱ级阶地,现为旱地,种植胡柚、甘蔗等经济作物,由第四系全新统鄞江桥组砂土、亚砂土、砂砾石层组成,宽80～150米,高1.5～2米;下部Ⅰ级阶地为水稻田,由第四系鄞江桥组砂土、亚砂土、砂砾石层组成,高0.5～1米,宽50～100米。Ⅰ级阶地与河床之间为河漫滩，由松散砂砾石层及砂土层组成。富足山多级河流阶地，指示了常山港河流的变迁和地壳的抬升变化。

渣濑湾牛轭湖

渣濑湾牛轭湖，位于常山县狮子口乡渣濑湾。湖形似一对牛轭，由常山港北伸出圈合而成，湖宽30～50米，总长约2000米。"牛角"所圈合的沙地是常山港在距今1万年内堆积的边滩，现已抬升为河漫滩阶地。阶地上部为1.5～2米厚的砂土层，间夹砂砾层透镜体，且由中央向外倾斜；阶地下部为大于2米的砾石层，砾石成分复杂，呈次滚圆状。

牛轭湖是平原曲流发展的产物。当流水切穿曲流颈部，裁弯取直后，被废弃的淤塞河湾，形似牛轭而名；也有因形而称为"月亮湖"、"弓形湖"。

汪家淤江心洲

汪家淤江心洲，位于常山县招贤镇汪家淤村北侧常山港河道中央，是由曲流河心滩进一步扩大而成的沙洲。长约1000米，宽300～400米，顶面高出水面约4～5米。主要由洪水期河流搬运来的砾石层构成，砾石之间填充中粗砂粒，砾石大小一般在1～5厘米之间，多呈次浑圆状，成份复杂，主要为砂岩、泥岩、火山碎屑岩等，反映了河流水流量的间歇性变化。

胡家淤汊河

胡家淤汊河，位于常山县何家乡胡家淤—辉埠镇白浦淤一带，是常山港在胡家淤—白浦淤河段分叉合并的特有现象。主河道宽100～150米，支流宽20～50米，主、支流之间的夹角30°～40°。胡家淤段支流长约2千米，汊口附近河面较宽，河漫滩发育，河水清澈，两岸阶地种植胡柚林和水稻。白浦淤段支流长约1500米，大部淤积，两岸河漫滩阶地上，地势平坦，稻田、桑林、胡柚林一片翠绿，景色宜人。

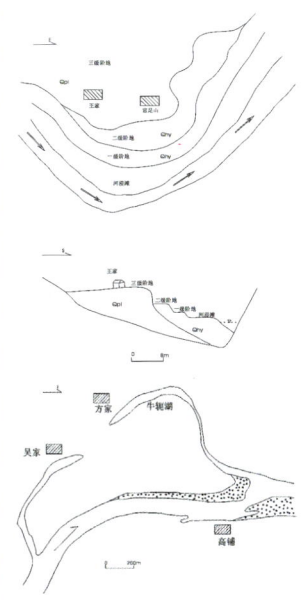

◀ 山青水秀
▲ 足山河流阶地平示意图
▲ 渣濑湾牛轭湖平面示意图

常山旅游

> 常山始建于1800年前的东汉建安二十三年（218），历史悠久，文明璀璨，历史遗存和人文景观丰富，成为常山县珍贵的文化遗产和旅游资源。浓重深厚的历史文化积淀和丰富异常的人文胜迹，渗透在绚丽多彩的三衢山水之中，构成了常山国家地质公园旅游资源的重要组成部分。

太公山白鹭保护区

"一行白鹭上青天"，这是同弓乡太公山上的一道风景线。鸟岛坐落在同弓乡伏江村境内，后面是面积一千多亩的神塘水库，左边是五百亩的胡柚基地，风景独特。同弓太公山上的鹭岛现有鹭鸟3万多只，品种有10多种，其中以白色、灰色为主。太公山鹭鸟岛现已是省级自然保护区，柚果成熟时，美丽自然风光和以观鹭鸟、采胡柚、钓鱼为乐趣的野外旅游生活，给人们带来无尽的乐趣。

太公山人文积淀深厚，"同弓"原名"彤弓"，以徐氏太公徐堰王曾得"彤弓"、"赤矢"之瑞而得名。堰王名诞，字子儒，西周时徐国之君，曾"以国易仁"故被推崇为仁义的化身，太公山亦因此得名。

▼ 太公山白鹭保护区
▶ 东明湖
▶ 芙蓉湖

东明湖

东明湖，位于常山县城东南1千米，是处山中有水、水中有山的山水公园，也是一个度假、避暑纳凉的好去处。在数公里的湖岸上山水互映，因为四周环抱着东明山而得名，而东明山则因"每当飞兔东升，此山独明"而得名。东明山又因山形似虎，又称之为虎山。因而，有不少常山人又叫它为虎山公园、虎山度假村。

东明湖是被人称为"偷移西子岁，暗窃虎丘屏"的天然湖。湖中建有曲拱桥，是曲桥和拱桥的结合体，曲桥的方向变换以便于游客观赏各方面的景色。过曲拱桥，来到湖中居。湖中居是湖上一道独特的风景，颇有杭州西湖湖心亭的韵味。这是由湖中另一小岛经改造而建成的湖中水上建筑，环境幽雅，空气清新，既可浏览观光、娱乐休憩，也是游人品茗的好去处。

芙蓉湖景区

融以生态旅游、休闲旅游、探险旅游及红色旅游为主题，由芙蓉湖、芙蓉谷、百洞花果山等景点组成。芙蓉湖岛湖相连，湾汊相间，水深色碧。蓄水后的芙蓉湖，青山环抱，碧水生辉，湿地效应显著，飞来的群群白鹭，构成一幅天然图画。所谓"玉湖明丽山川秀，高坝峥嵘景物新"，就是美丽的芙蓉湖的真实写照。

芙蓉峡谷长约10千米、宽20～40米，海拔500米以上，谷深100米。集幽、野、灵、趣于一体，一年四季，风光不同，堪称奇地。

百洞花果山（牛角谜洞群）

属喀斯特岩溶地貌，整个区域星罗棋布地分布着大小溶洞近100个，洞内石笋、钟乳石发育优良，各种造型的自然形象栩栩如生，地下长河岸边千姿百态的岩石花丛中，岩石形态怪异，洞厅气势磅薄，奇、险、峻兼具。

万寿寺

万寿寺，位于常山县城西北8千米的何家乡黄冈山，又名永年寺。系南宋古刹，久圮。明隆庆年间重建。清康熙四十五年（1706）重修。因安徽歙县梅氏在此出家为尼，故称万寿庵。乾隆三十一年（1766），重修大殿，同时建大悲阁、四贤祠为两庑，以纪念曾在寺中隐居生活的南宋名相赵鼎、大学士范冲、御史魏公济和常山县尉翁蒙之四人功德，道光戊戌年（1835）秋月撰刻的"重建四贤祠记"青石碑，高1.5米，宽0.8米，现仍存寺内。同治六年（1867），僧卓然募捐重修。此后，万寿寺年久失修，又遭"文化大革命"破坏。1987年起，黄冈村筹款数千元修建部分屋宇，现有偏殿100多平方米及大殿残垣。

李家岗窑址

李家岗窑址，位于常山县龙绕乡黄泥畈村李家岗山坡上，为距今千年的北宋窑址。残品堆积层厚2.2米，分布面积50平方米。有碗、碟、罐、钵、执壶等；釉色青中泛黄，也有乳浊釉，胎质薄而细密。此外，还有匣钵、垫圈等窑具。窑型属龙窑。

里择祠

里择祠，位于常山县天马镇南门街马车弄南端。明正统六年（1441）建。清乾隆五十七年（1792）修。光绪三十二年（1906）重修。该祠分前后三进，平面纵长方形，占地596平方米。正门槛墙原为木结构。现已改用砖砌。中进主厅前檐有卷棚，铺望砖，明间为五架抬梁式结构。后进有楼房，牛腿、雀替雕饰有瑞兽、花卉。三进之间有天井相隔。祠外有防火水塘一口，约20平方米，围以石栏杆。1982年6月26日，列入县级重点文物保护单位。

◀ 芙蓉峡谷
▼ 牛角洞
▼ 李家岗窑西晋青瓷灶
▼ 里择祠
▼ 万寿寺

樊氏大宗祠

樊氏大宗祠又名博龙祠，位于常山县五里乡樊家村，建于清乾隆年间，距今280余年。樊氏大

▲ 樊氏大宗祠
▲ 三十六天井屋
▼ 三十六天井屋木雕
▶ 芳村老街
▶ 尚书坊

宗祠占地约650平方米，砖木结构，前后分三进；前进是30多平方米的戏台和化妆室。中进则为祠堂的主进大厅，由8根大石柱支撑，梁、栋、椽、檩，木雕精细；人物故事，花鸟鱼虫，生动活泼，栩栩如生。后进结构较为简单。三进之间均有天井相隔；前进与中进之间的大天井，为祠堂的主天井。樊氏大宗祠飞檐凌空，回廊曲折，不仅以其规模宏大、雕饰精美、布局合理堪称江南一绝，更以其通风采光系统先进、布局合理和设计新颖而闻名遐迩，是我国古建筑中一颗璀璨明珠，具有很高的历史文化和艺术价值，成为研究古代宗祠戏台建筑的重要实物资料，1997年8月获准列入省级文物保护单位。

三十六天井屋

三十六天井屋，坐落于常山县西陲的球川镇内。这座规模宏大的天井屋建于光绪初年，距今已历130余年；是一座设计独特，雕刻精细，结构完美的古建民居，堪称江南古建筑之绝品。整座建筑占地3592.5平方米，拥有一百多个房间、三十六个大小天井，砖墙木柱互为贯通，通风采光别具一格，故得名三十六天井屋。该屋由台门、前进、中进、后进、偏房组成，从南向北缓坡而上。走进正门，如入迷宫，走廊迂回曲折、四通八达，房门百余扇，天井三十六。

三十六天井屋为穿斗跨架式结构，正屋与偏屋

以直通走廊相连，厢房对称并列，天井檐下石砌有蓄水池，用以存水防火。梁柱板壁，雕饰精致。四周砖墙虽无窗户，室内却通风透气，清晰明亮，炎夏凉爽。

芳村老街

芳村老街是一条有着近700多年历史，保存完好的老街。明末清初，芳村集镇雏形已成。至清康熙、乾隆年间，芳村古街道已经形成。据芳村一宗谱记载：古镇已有街道一条，长约400米，宽约3.5米，东北面起于汪氏宗祠，南端到河边"水阁亭"，古为水运小码头。街心用青石板铺设，下为排污下水道，弄、巷、街相通，在当时已算是规划很科学的集镇。古镇街道分上街、中街、下街三段，上街有延禄山房、吟香别墅、临川书屋等以文化教育为主的建筑，中街以各种店面为主，下街则以饭店、酒肆、旅店、茶店为主，为船工、伐工的休息食宿之地。有"船呼客店下兰溪"的古诗句描述当时的情景。史料中亦有"街两边店铺罗列，马头墙、梳楼外伸，木制雕花围栏、瓦檐高翘，临街牛腿上刻有山水风景、花鸟走兽、人物典故，蔚为壮观"等记载。

民国期间，芳村老街上有各类店铺近百家，其中徐庆堂药店、正大和南货、洪丰肉店、汪云美豆腐千张店、李冬古雕刻店、周文值杂货店以及"正大和"、"麻酥糖"、"寸金糖"等糕点在整个衢州地区都是极负盛名的。

大处古建筑群

大处古建筑群坐落于常山县芳村镇大处村内，由"三桥二坊一祠"组成，

桥、坊、祠之间相隔仅数十米，是常山县内唯一一处相对集中、保存又较完整的古建筑群。造型优美，风格各异，雕刻精美，具有较高历史与艺术价值。

尚书坊

尚书坊，坐落在常山县何家乡樊家村。明嘉靖二十五年（1546）建，系为纪念明代南京刑部尚书、樊氏族人樊莹而立。明、清两代曾数次整修。1986年3月列入县级重点文化保护单位，现保存完好。

尚书坊系四柱三间五楼木结构牌坊，通高6.5米，通面6.25米，字牌木刻"尚书"两字，柱上边款有"天顺甲申进士樊谥清简，大明嘉靖丙午（1546）重整"、"景泰丙子科浙江第十名樊莹，乾隆十六年（1751）重整"等纪文。该坊时代特征明显，结构造型端庄古朴，是浙西地区唯一保存完好的明代木结构牌枋。

文峰塔

文峰塔，巍然耸立于常山县城天马镇塔山文笔峰上，犹如一支倒立的巨笔；塔依峰而立，峰以塔而名。南宋乾道四年（1168）知县苏王比始建，明万历年间知县唐三屏修，清嘉庆十二年（1807）五月十九日倒坍，嘉庆十八年（1813）知县陈生集绅耆等重建。塔名文峰，意寓"一邑文风也"。古往今来，一直是常山古城的象征。

文峰塔系六角形楼阁式七层砖塔，高29.5米，直径4.8米，占地面积21.6平方米，塔身中空，每层均有挑檐，镶图案花纹，三面开窗，窗高1.7米，斑剥支离的粉灰青砖，更显古朴和沧桑，是常山县历史最为悠久、保存完好的古建遗存。

回龙桥

回龙桥，位于常山县芳村镇修书埂村。原名汇南桥，始建于明正德年间（1506-1521），清宣统元年（1909）重建，民国六年（1917）修。系青石砖叠砌单孔桥，长25.35米，宽5.26米，桥面西侧刻有阳文隶书"回龙桥"三字。回龙桥为常山十大名胜之一，现为县级文物保护单位。

▲ 文峰塔
◀ 回龙桥

思索常山

金钉子——一个美丽诱人的典故
奥陶纪的馈赠知多少
常山何以被称为"胡柚之乡"
观赏石之乡

金钉子——一个美丽诱人的典故

"金钉子"是国际地层委员会致力建立的全球年代地层划分的国际标准,从1977年建立首枚"金钉子"起,截至2011年8月已在世界各地建立了64枚"金钉子"。它们的建立,对于统一全球年代地层划分、认识地史时期同步发生的各种地质事件,以及探测同期形成的矿产具有重要的科学意义和实用价值。

"金钉子"是地质学中划分地层年代的一个借用名称,它的本名叫"全球层型剖面和层型点位",英文缩写为GSSP。"金钉子"名称出自美国修铁路的历史:1869年5月10日,美国第一条连接太平洋和大西洋、横跨北美大陆的铁路贯通时,就在犹他州北部最后两根铁轨连接处钉上了一枚特制的金铆钉,以作永久纪念。地质学借用了这一美丽的典故,将"全球层型剖面和层型点位"这个拗口的名称叫做"金钉子",体现了它在年代地层中有如金子般的珍贵和钉子般的稳固。"金钉子"

▼ 我国六枚金钉子模型
▶ 达瑞威尔阶全球界线层型点说明牌

是个象征性名称，它的位置一旦被确定，就成为全球某一年代地层永久的和唯一的分界标志，成为划分地球历史的里程碑。当然，如今人们并没有在那里钉上一枚黄金铆钉，而是在界线点位上或附近建造一座具有科学价值和纪念意义的标志碑。

"金钉子"界线点位的选取条件非常苛刻，剖面上必须有足够厚度的连续沉积；要具有丰富多样、保存好的古生物化石；要具有放射性同位素测年资料、磁性地层学资料和碳氧同位素资料等；还要具备易于到达的地理交通和永久保存的条件。"金钉子"界线剖面和界线点位一般选在较深的海相地层中，这样沉积环境里形成全球分布的浮游生物群化石，可以作为全球对比的主要标志。

"金钉子"层型剖面和层型点位选择认定的程序非常严格，必须经过国际地层界线工作组、国际地层系分会、国际地层委员会和国际地质科学联合会的严格审查。每枚"金钉子"的诞生，都是国际地层界线工作组和候选剖面所在国家地质专家，历时多年对全球各地候选剖面研究论证和考察对比后提出的，并在国际地层系分会和国际地层委员会的投票审核中获得多数票，再由国际地层委员会提名，经国际地质科学联合会审核批准后，方能得以确认，成为全球划分年代地层的唯一标准。全球第一枚"金钉子"诞生于1972年，位于捷克的一小镇附近，为泥盆系与志留系分界线，标准化石为笔石。

根据国际地层委员会的划分，地球显生宙5.42亿年间年代地层单位和前寒武系埃迪卡拉系底界，共计100余个地层单位。截至2011年8月已确认的层型剖面和层型点位，已钉下"金钉子"的有64枚，大多分布在欧洲。钉在我国的"金钉子"共有10枚，是目前世界上拥有"金钉子"最多的国家；其中，浙江省境内四枚、湖南、广西、湖北境内各二枚。1997年，我国的第一枚"金钉子"就诞生在浙江省常山县天马镇黄泥塘村的小路边，成为全球奥陶系中奥陶统达瑞威尔阶层型剖面和底界点位。

我国目前发现的金钉子包括：印度阶金钉子（浙江长兴）、长兴阶金钉子（浙江长兴）、吴家坪阶金钉子（广西来宾）、维宪阶金钉子（广西柳州）、赫南特阶金钉子（湖北宜宾）、达瑞威尔阶金钉子（浙江常山）、大坪阶金钉子（湖北宜昌）、排碧阶金钉子（湖南花垣）、古丈阶金钉子（湖南古丈）和寒武系江山阶金钉子（浙江江山）。

浙江长兴印度阶金钉子，三叠

系下三叠统印度阶之底界，即中生代三叠系之底界，被定为中国浙江省长兴县煤山剖面中27c层之底界。它与 Hindeodus（欣德牙形刺属）latidentatus–Hindeodus parvus–Isarcicella isarcica 演化系列中牙形刺类 Hindeodus parvus 的首次出现一致。

浙江长兴长兴阶金钉子，二叠系乐平统长兴阶（Changhsingian）的底界定于煤山D剖面中长兴灰岩底层以上88厘米处4a-2层之底界。该界限正好位于分割长兴灰岩内部第一亚层序和第二亚层序的洪泛面之上。全球层型和点位恰好与牙形刺由 Clarkina longicuspidata 种到 Clarkina wangi 种的演化过程中，牙形刺 Clarkina wangi 首现层位一致。

广西来宾吴家坪阶金钉子，二叠系乐平统吴家坪阶（Wuchiapingian）的底界定在广西省红水河沿岸的 Penglaitan 剖面中6k层之底界。全球层型和点位与牙形刺 Clarkina postbitteri 首现一致。

广西柳州维宪阶金钉子，石炭系密西西比亚（亚纪）系维宪阶（Visean）之底界定在中国广西省柳州城东北的碰冲（Pengchong）剖面85层之底。该层位与有孔虫从 Eoparastaffella ovalis 演化到 Eoparastaffella simplex 过程中 Eoparastaffella E simplex 的首现层位相一致。

湖北宜宾赫南特阶金钉子，奥陶系上奥陶统赫南特阶（Hirnantian）之底界被定为中国湖北西部宜昌市以北42千米处王家湾村王家湾北剖面中 Kuanyinchiao 层底界以下0.39米处。GSSP与笔石 Normalograptus extraordinarius 的首现层位一致。

浙江常山达瑞威尔阶金钉子，奥陶系中奥陶统达瑞威尔阶（Darriwilian）之底界位于贯穿出露于中国东南部浙江省常山县黄泥塘的宁国组页岩的一条剖面中，在这里它与 Unduloraptus austrodentatus 笔石的首现层位一致。

湖北宜昌大坪阶金钉子，奥陶系中奥陶统大坪阶（Dapingian）之底界，即中奥陶系底界，位于中国南部湖北省宜昌市北西22千米黄花场剖面。它与牙形刺 Baltoniodus triangularis 的首现层位一致。它与围牙形刺属sp.A的首现层位有关并且紧随其后的是牙形刺 Microzarkina flabellum 的首现层位。参照 Henryi chitinozoan 生物带，该水平面与 Belone chitina 之界限近似一致。

湖南花垣排碧阶金钉子，寒武系芙蓉统排碧阶（Paibian）之底界被定为中国湖南省西北排碧剖面花桥组中396.6米处，这与球接子类三叶虫 Glyptagnostus reticulatus 的最低产出层位一致。该水平面位于碳同位素显著漂移的底界附近。

CHANGSHAN 常山

浙江长兴印度阶金钉子
地质年龄：251±0.4百万年
确定时间：2001年

浙江长兴长兴阶金钉子
地质年龄：253.8±0.7百万年
确定时间：2005年

广西来宾吴家坪阶金钉子
地质年龄：260.4±0.7百万年
确定时间：2004年

广西柳州维宪阶金钉子
地质年龄：345.3±2.1百万年
确定时间：2008年

湖北宜宾赫南特阶金钉子
地质年龄：445.6±1.5百万年
确定时间：2006年

浙江常山达瑞威尔阶金钉子
地质年龄：468.1±1.6百万年
确定时间：1987年

湖北宜昌大坪阶金钉子
地质年龄：471.8±1.6百万年
确定时间：2007年

湖南花垣排碧阶金钉子
地质年龄：499±2百万年
确定时间：2003年

湖南古丈古丈阶金钉子
地质年龄：503百万年
确定时间：2008年

浙江江山寒武系江山阶金钉子
地质年龄：494百万年
确定时间：2011年

湖南古丈古丈阶金钉子，寒武系第三统古丈阶（Guzhangian）之底界被定为中国湖南省西北沿着酉水河的罗依溪剖面中花桥组之底界。该水平层位与球接子类三叶虫 *Lejopyge laevigata* 出露的最底层位一致。与 *Lejopyge laevigata* 的首现层位相应的地平线在高达0.58‰的相当长的负 $\delta^{13}C$ 漂移的顶部附近。

浙江江山寒武系江山阶金钉子，江山阶底界的全球层型剖面为碓边B剖面，位于浙江省江山县碓边村附近，层型点位在华严寺组的上部，下距该组底界108.12米，与球接子三叶虫 *Ag ostotes orie talis* 在该剖面的首现层位一致，也与多节类三叶虫 *Irvi gella agustilimbata* 的首现点位一致。

▲ 中国金钉子分布图

奥陶纪的馈赠知多少

奥陶纪在地质学上,是古生代中5.1亿~4.38亿年前这段时间,可分为三个时期——奥陶纪早期(早奥陶世,5.1亿~4.78亿年前),奥陶纪中期(中奥陶世,4.78亿~4.53亿年前)和奥陶纪晚期(晚奥陶世,4.53亿~4.38亿年前)。奥陶纪是历史上海侵最广泛的时期之一,世界许多地区都广泛分布有海相地层。

奥陶纪是距今4.883亿~4.437亿年间的一段地质历史,地质学家将其划定为早古生代中段的一个纪,时间间隔约为4460万年。在这段漫长的地质历史时期里,大自然的神奇造化,在常山大地上留下了许多珍贵独特的地质遗迹和丰富多彩的地质景观。闻名全球的地层剖面和古生物化石遗迹,铸造了我国的第一枚"金钉子";生物藻礁灰岩,成就了三衢山优美如画的岩溶地貌风光;变形构造遗迹,典型完美,令人难忘;常山特产青石与花石,是享誉中外的装饰工艺石材和园林观赏石。浏览常山国家地质公园,人们惊叹美妙的遗迹与景观,都是奥陶纪的地质造化。

奥陶纪古地理环境

常山国家地质公园处于扬子板块的东南缘,8亿年前的震旦纪时期,浙西北地区在经历了地槽发展阶段后,开始转化为比较稳定的地台,长时期的海洋环境,连续稳定的海相沉积作用和生物化石堆积,形成了常山国家地质公园内珍贵的地层古生物和沉积岩遗迹。尤其是在4.6亿年前的中奥陶世时期,黄泥塘一带处于深水海盆之中,盆底静水缺氧,不适宜生物生长;而在黄泥塘南东侧则是浅水台地,温暖富氧,适宜生物繁殖。这种不寻常的海洋古地理环境,形成了页岩与灰岩、笔石与牙形刺生物带的混生,成为确定"金钉子"层型剖面的重

▼ 奥陶纪海底环境复原图
▶ 奥陶纪全球海陆分布
▶ 奥陶纪石灰岩沉积

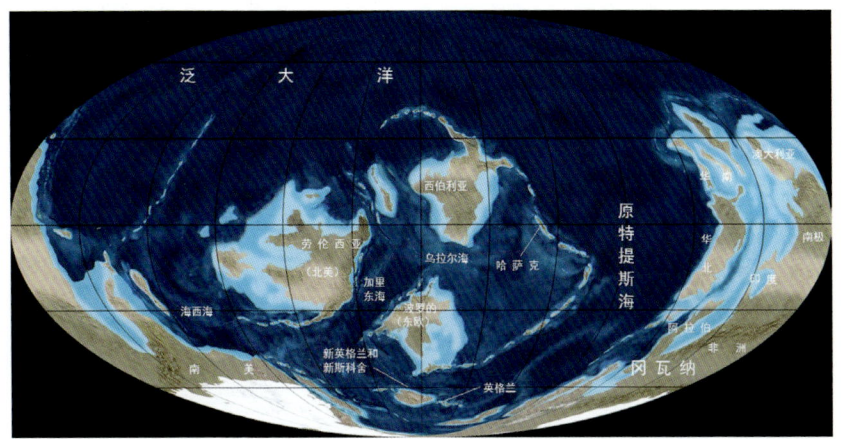

要依据。

中国第一枚"金钉子"

"金钉子"的正式名称叫做"全球层型剖面和层型点位"。有资格被称为"金钉子"的地方,是标志地质年代分界线的代表地点;这里的地层和化石,记录了某个具有全球意义的重大地质事件。

常山县天马镇黄泥塘村南西200米小路边的地层剖面,是奥陶系达瑞威尔阶底界的全球标准,是我国在1997年获得的第一枚"金钉子"。在剖面上,生物化石序列包括3个笔石带和2个牙形刺带。而笔石与牙形刺生物带混生的现象,使得黄泥塘剖面能与全球不同的沉积类型区进行广泛而精确的对比,全球所有地方中奥陶统地层的认定,全世界地质学家研究这一时段的各种地质事件,开展地层划分与对比,都要以常山国家地质公园内的黄泥塘"金钉子"剖面作为标准来对比。

自然造化三衢山

誉称为"江南一绝"的常山三衢山岩溶地貌风光亦是奥陶纪的地质造化。形成于4.45亿~4.35亿年前奥陶纪晚期海洋沉积的生物藻礁灰岩,地质学家将这套岩石地层定名为"三衢山组"。早期为巨大的绒毛藻灰泥丘,晚期为珊瑚—层孔虫—藻礁,岩石中产出丰富的藻类及珊瑚等动物群化石。三衢山因而成为华南地区晚奥陶世岩相古地理、生物礁及大地构造研究的重要基

地。正是由于奥陶纪特定海洋环境中沉积形成的生物藻礁灰岩，奠定了三衢山的岩石地层基础。后期的地质构造运动、地壳抬升、侵蚀与溶蚀作用，不断地雕饰塑造着三衢山的丰貌，从而造化出了风姿秀美、韵味无穷的岩溶地貌景观。

完美典型的构造变形遗迹

砚瓦山—箬溪变形带，是发生在奥陶系地层内的构造变形，是常山国家地质公园内最重要的地质构造遗迹景观。变形带岩石分为三层：中部为层理清晰、褶皱强烈的泥质碳酸盐岩；上、下部为层理不清的轻变质泥岩和泥质灰岩，褶皱不明显，劈理发育。地层岩石的刚柔力学性质，对构造变形带的控制作用表现得淋漓尽致。

奥陶系下部印渚埠组地层中的钙质板岩，由泥岩挤压变质而成，肠状褶皱，构造形迹典型完美，岩石色泽青灰柔和，硬度适中，为优良的建筑装饰板材和砚石材料，称为"青石"，主产地青石镇则由石而名。奥陶系上部砚瓦山组瘤状灰岩，因层理与劈理的角度交错，使岩石产生尖棱状破裂而呈柱状产出，称为"花石"，成为驰名中外的园林观赏石。

◀ 完美典型的褶皱皱曲
▲ 花石
▼ 石笋石

常山何以被称为"胡柚之乡"

常山以盛产柚、石而闻名于世。"柚都石城"是常山的形象代名词和响亮的文化品牌。1996年被誉予"中国常山胡柚之乡",从此胡柚成了常山的地方名片。

常山胡柚,是全国胡柚的原产地和生产中心,栽培历史悠久,文化底蕴深厚;种植规模庞大,经济效益明显;口味营养兼优,美名传扬神州,被誉为"果中珍品"、"水果之王",为常山"胡柚之乡"赋予了丰富厚重的自然与文化内涵。

胡柚文化

常山胡柚栽培种植历史已有600余年。据清康熙《衢州府志》记载:"抚州(即胡柚)明时唯西安县西航埠二十里(今青石镇澄潭一带)栽之,今遍地皆栽。"这表明常山澄潭村就是胡柚最早栽培地。关于胡柚起源的说法很多,饶有趣味。有说胡

▼ 采柚归来
▶ "柚女担山"舞蹈表演

柚原为野山果，由于治愈了久病卧床母亲的顽疾而得以推广；有说是江西抚州出嫁女作为嫁妆带入，故胡柚古称"抚州"；还有说是随洪水从上流漂流而至。这些美妙动人的故事，为常山胡柚的起源蒙上了神奇的面纱，展现了它的文化丰彩。

如今，在青石镇澄潭村胡家自然村，生长着一株龄逾百岁的"胡柚祖宗树"，年年挂果均在200公斤以上。1999年6月，常山县政府作传立碑，加强保护，并入选林业部主编的《中国树木奇观》一书。胡柚之名称，则依当地方言称呼谐音和胡家村发源地而得。

果中珍品

常山胡柚，属柚与甜橙、柑桔自然杂交之品种。色泽金黄，酸甜浓郁，清凉解毒，营养丰富。果汁中可溶性固形物达11%以上，富含人体必须的16种氨基酸和大量的维生素B、C，以及胡萝卜素、纤维素、多糖、果胶、有机酸与磷、铁、钙等多种微量元素，营养极为丰富，是一种全能型的高档营养水果，堪称"水果之王"、常山的区域地理标志。

据《本草纲目》记载："柚味酸，性寒，无毒。可消食，解酒毒，治饮酒人口臭，去肠胃恶气，疗妊不思食、口淡之功能。"常山胡柚不仅保留了柚类的特有属性，而且还具有抗癌、镇痛、抗焦虑、防衰老、调节体内胆固醇、降低心血管疾病、增强人体免疫力之特效功能，是一种既美味爽口、又能防病强身的果中珍品。

辉煌胡柚

常山胡柚，自明代初年引入栽培以来，清康熙年间已是"遍地皆栽"，逐成规模，如今栽培面积已达10.5万亩。在"八山半水半分田"的常山县内，约占全县国土总面积的6.4%；并以基地栽培为主，其中连片栽培面积100亩以上的基地有120多个，500亩以上的10个，千亩以上的有2个。全县342个行政村全部种植胡柚，规模之大，蔚

为壮观。

以往,常山胡柚一直被视为乡村野果子。自20世纪80年代以来,常山将胡柚作为农业支柱产业,推广种植,加大开发,先后赢得了多项荣誉:1986年、1989年,两度荣获农业部优质农产品称号;1989年,荣获全国星火计划成果展览会金奖;1991年,被授予"绿色食品"称号;1995年、1999年、2001年,荣获三届中国农博会金奖;1996年,被授予"中国常山胡柚之乡";1997年,荣获农博会"优质名牌"奖;2003年,获准为国家原产地域产品保护;2005年,常山胡柚项目被列为国家一类建设项目;2006年,荣获浙江省十大地理标志区域品牌。这些色彩斑斓的荣誉光环,造就了常山胡柚今日之辉煌。

◀ 硕果累累
▲ 鲜美无比

地质基因

常山地处亚热带季风气候区,四季分明,光热充足,雨水充沛。地表广泛分布震旦系、寒武系、奥陶系、侏罗—白垩系地层。这些地层的主要岩性为碎屑岩和不纯的石灰岩;碎屑岩中富含硼、钾、铁、锰,石灰岩中则含有丰富的钙、镁、钼。而这些元素正是柑橘类水果生长所必需的,可以充分满足常山胡柚生长发育的养分需要。当这些地层岩石在漫长的地质岁月里遭受风化剥蚀后,随地表流水搬运至常山港中下游河段的砂泥质风化物,堆积在河流凸岸构成边滩,边滩升高扩大为河漫滩和河流阶地。大约在1万年前的地史时期里,常山港两岸宽广的河流阶地上堆积了一层红、黄色壤土,土壤母质土体厚度较大(3~9米),砂黏比和酸碱度适中,所含的多种养分和微量元素丰富齐全,是种植胡柚最佳的地质、地貌和土壤环境,特别适宜于胡柚生长。

常山地区得天独厚的地质地貌、环境地球化学、土壤理化性能和水文气候条件,培育出了营养丰富、香醇味美的果中珍品,铸成了"中国常山胡柚之乡"的金字招牌。

观赏石之乡

> 常山，被称之为"柚都石城"。胡柚和石头是常山的两大特色资源，是常山最具人气魅力的文化形象和地方品牌。"石头城"是常山的文化名片。常山观赏石，出自灵山秀水之间，形奇、色美、质优、纹靓，历史上就是"巧石"的著名产地。

常山的石头，品种多样，蕴藏丰富。既有名闻遐迩、特色独具的青石与花石，又有丰富优质的非金属矿石；既有雄奇壮美、丰姿独秀的自然峰石，又有古朴典雅的石制文物；既有造化精妙、趣味横生的观赏石，又有巧夺天工的工艺石，常山就是一座用石头造就的"石头之城"。2007年6月，成功举办了有中外地质学家和石文化、石产业人士参加的"中国常山石文化艺术节"，"石头城"的品牌效应从此名扬海内外，成为常山响亮的文化名片。

青石与花石

常山青石，主要产于青石镇和尚弄、开井头一带，是奥陶系巨厚钙质泥岩经强烈挤压变质而成的

▼ 砚瓦山观赏石市场
▶ 常山千层石

板岩。石色以青、翠绿为主，光滑温润，硬度适中，耐酸碱腐蚀。主要用于高档建筑装饰。开发历史已有数百年，预测资源量在数亿立方米以上。其中，砚瓦山以西的青石，属优质砚石材料，俗称砚瓦石，明朝"西砚"即取材于此。

常山花石，由奥陶系瘤状灰岩经历层理和劈理切割、风化淋蚀而成。集中分布于青石镇砚瓦山一带，多呈柱状产出，造型美观，驰名国内和东南亚地区，主要用于假山、盆景制作和园林建筑。常山青石镇已成为华东地区最大的石头专业市场，青石与花石的规模开采、深度加工和销售贸易，已发展成为一支新兴产业

常山观赏石，出自灵山秀水之间，形奇、色美、质优、纹靓，历史上就是"巧石"的著名产地。据北宋末年庄绰（1090－1150）所著《鸡肋编》书中的《灵璧石、太湖石、巧石》一文记载："上皇（宋徽宗）始爱灵璧石，既而嫌其止一面，遂远取太湖。然湖石粗而太大，后又撅于衢州之常山县南私村，其石皆峰岩青润，可置几案，号为巧石。乃以大者，叠为山岭，上设殿亭。所用既广。取之不绝，舳舻相衔。"史家公认，宋徽宗赵佶艺术造诣颇深，审美眼光不凡；他既嫌灵璧，弃太湖，而独赏常山巧石，足见其所具美感和吸引力。当代出版的《中国观赏石简介》记载：常山广为人知的观赏石有六种，即常山石、石笋石、假山石、千层石、面石（砚瓦石）和开化石（砚石）等。其中，常山石笋石，自明初以

来就一直供展于故宫御花园内，成为宫建园林石。

2008年7月29日，常山县又被中国观赏石协会命名为"中国观赏石之乡"。从此，常山"石城"又亮出了一张国家级的文化名片。

峰石岩洞

常山号称"石头之城"。石城之美，美在石多，美在石奇，美在石头铸造出的丰富历史文化内涵。鬼斧神工的三衢石林，巨厚而质纯的灰岩，被溶蚀形成优美的石崖、溶沟地貌；雪山般的裸露山体，是浙江省著名的省级风景名胜区。遍布常山南北的奇岩怪洞，多为灰岩溶蚀而成；那北乡的牛脚洞、县南的白龙洞等，每一个石洞就是一方天地，每一个石洞都是一个传奇的故事。

三衢石林由三衢山、大古山、小古山等三座灰岩山峰组成。千姿百态的岩溶地貌景观，堪称"华东第一石林"。其中，位于东部的三衢山，是衢州的"母亲山"。据《元和郡县志》载：衢州因"州有三衢山，故取其名"。景观以典雅精致见长，主要景点有"赵公岩"、"三衢圣母"。中部的

小古山,奇险美妙,主要景点有"猴子观海"、"独树江南"。西部的大古山,以曲径幽深,气势宏伟而著称,主要景点有"三衢长廊"、"紫藤峡谷"、"仙人洞"、"天坑"等。

常山矿石

常山矿产种类多样,储藏丰富,品级优良,为浙江省的主要成矿区。目前已发现矿产36种,石灰石、石煤、青石、花石、叶腊石、萤石等非金属矿产,是常山的特色矿产和优势资源;而石灰石、石煤和青石,又被常山人称作"三条龙",即依矿石颜色分别被称作"白龙"、"黑龙"和"青龙"。其中,"白龙"石灰石储量49亿吨,"黑龙"石煤储量10亿吨,两者均列浙江首位。

常山矿石历史文化蕴涵深厚,历史上曾留下了许多脍炙人口的佳话美谈。明代宰相钱塘人于谦,在途经常山时写成的千古名篇《石灰吟》:"千锤万凿出深山,烈火焚烧若等闲;粉身碎骨浑不怕,要留青白在人间。"诗人借石灰石固有的特征功能,以诗歌形式抒发自己的高风亮节和人生情怀;言简意赅,历数百年传颂不衰,成为褒扬常山石文化的不朽佳作。

▲ 常山石灰岩

旅游资讯

行住吃游购娱

行

常山县地属浙江省衢州市，毗邻赣、皖、闽三省，周围与柯城区、衢江区、江山市、开化县；杭州市的淳安县；江西省上饶市的玉山县相接壤。杭金衢高速公路、黄衢南高速公路横贯常山全境，320国道、205国道在境内交汇。区位独特，交通便利，素有"四省通衢，两浙首站"之称。

外部交通

常山国家地质公园，地处浙、赣、闽、皖四省交界，为浙江西大门，交通方便，杭金衢高速公路贯穿全境，320国道和205国道在县城交汇，纵横交错的省道与县乡公路，编织成了四通八达的陆路交通网。东侧相距40千米的火车站与相距半小时车程的衢州机场，则是通畅的陆上交通大动脉和空中走廊。

航空交通

经东侧邻近的衢州航空站搭乘飞机，为往返北京、广州、深圳和境外客源地的游客，提供了快捷的空中通道。

衢州机场航班时刻表

航线	机型	航班号	班期	起飞时刻	到达时刻
衢州至北京	CRJ	SC938	星期二、星期五	14:40	16:50
衢州至深圳	CRJ	SC942	星期二、星期五	10:25	12:00
衢州至深圳	CRJ	SC942	星期四	14:25	16:00
衢州至广州	MD～82	CZ6716	星期二、星期六	19:10	20:50
北京至衢州	CRJ	SC937	星期二、星期五	07:50	09:50
深圳至衢州	CRJ	SC941	星期四	12:20	13:50
深圳至衢州	CRJ	SC941	星期二、星期五	12:35	14:05
广州至衢州	MD～82	CZ6715	星期二、星期六	16:50	18:30

铁路交通

由常山国家地质公园东侧的衢州火车站，每天有74个班次列车经浙赣铁路通往全国各省区市首府和其他重要城市。规划建设中的九景衢铁路，将成为集散远距离客源最重要的交通保障。

公路交通

由常山每天发往省外和县外的公路客运班车共有近百班次，公路进出交通非常便利。周边的黄山、三清山、婺源、千岛湖等省内外知名风景区，相距均在100～200千米之间，行车两小时之内，每天均有直通班车往返。

长途汽车客运时刻表

起迄车站	发车时间	里程（千米）	日发班次
常山—杭州	6：40—15：10	305	9
常山—上海	8：20	427	1
常山—深圳	14：00		逢双日
常山—芜湖	8：20		1
常山—屯溪	7：50—13：45	164	2
常山—玉山	半小时发一班车	45	
常山—金华	7：00—13：20	143	2
常山—宁波	7：30—9：15	378	2
常山—温州	7：40—11：00	380	3
常山—嘉兴	7：40	380	1
常山—义乌	8：25—13：35	166	3
常山—千岛湖	7：50—14：20	168	2
常山—萧山	8：00—14：30	300	2
常山—玉环	13：05		隔日开

内部交通

由交通枢纽衢州市城区通向常山国家地质公园中央的常山县城为37千米，车行约半小时，每隔15分钟有固定的客运班车运行其间，可充分满足外地游客进出地质公园的交通需要。地质公园内园区、景点之间的游览交通，由连接各园区之间的县乡支线公路和景点间人工开凿的盘山蹬道两部分组成。每天早上8点至下午5时30分，从常山县城至地质公园各园区之间，有大巴车往返通行，顺畅便捷。

园区及周边汽车客运时刻表

起迄车站	里程（千米）	行车时间（分钟）	日发班次
常山县城—"金钉子"园区	5	约10	全天
常山县城—三衢石林	10	约15	全天
常山县城—青石镇	10	约15	全天
常山县城—长风库区	10	约15	全天
常山县城—黄岗山	15	约20	全天
常山县城—芙蓉水库	32	约40	全天
常山县城—桃花源	45	约60	全天

住

常山县内有大小宾馆饭店50多家，接待设施齐全。其中县城内有三星级酒店和二星级酒店各三家，都是环境优雅，空气清新的理想住所。另外，城乡共有"农家乐"92家，部分可供住宿。在常山国家地质公园旅游时，游客既能享受星级宾馆酒店的豪华接待，也可选择不同风格的"农家乐"住宿体验。

常山国际大酒店是常山县首家按三星级标准设计建造的旅游商务酒店，是常山县对外招商引资的重点项目，是常山对外宣传的重要接待窗口。酒店交通便利，环境舒适，服务设施齐全，并设有KTV包厢、演艺厅、静吧、美容美发、桑拿等娱乐配套设施，是商务、洽谈、旅游度假、休闲娱乐的理想场所。常山国际大酒店全体员工热诚期待您的光临，常山国际大酒店是您的旅途中最好、最舒适的港湾。

常山宾馆饭店推荐

常山国际大酒店	常山县城白马路168号
常山华府大酒店	常山县城定阳南路169号
常山太平洋大酒店	常山县城文峰西路1号
京源大酒店	常山县城南袁家弄
柏丽大酒店	常山县城朝阳路59号
五洲大酒店	常山县城文峰东路66号
帝豪商务酒店	常山县文峰西路232号
如家商务宾馆	常山县天马镇双井街45号
常山柚都宾馆	常山县朝阳路1号
米兰假日宾馆	常山县清河街56号
金都宾馆	常山县文峰西路2号
东方红旅馆	常山县白马公园附近
东升宾馆	常山县白马广场南
阳光宾馆	常山县清河街1号
欣悦宾馆	常山县东河北街104号
友好大酒店	常山县天马路115号
兴隆宾馆	常山县文峰东路
红灯笼宾馆	常山县文峰东路203号
网络宾馆	常山县文峰东路
永光宾馆	常山县文峰西路
开圆宾馆	常山县东河北街115号
香苑宾馆	常山县文峰东路159号
南洋宾馆	常山县定阳北路302号
皇朝宾馆	常山县清河街67号
华弘商务酒店	常山县朝阳路1号
银苑宾馆	常山县清河街26-1号
天星宾馆	常山县定阳北路
新明珠宾馆	常山县东河南街126号
四海宾馆	常山县文峰东路215号
新季风酒店	常山县白马路148号
石路君怡大酒店	常山县龙门路31号

吃

在常山旅游，游客既可享受宾馆酒店的美食佳肴，还可品尝到常山地方特色的农家传统小吃：美味可口的醋糕、细如银丝的宋代贡面、薄白如纸的雪片糕、野生河鱼和用兔头、鸭头、鱼头、鸭掌烹制成的"三头一掌"等。

醋糕

醋糕是用米粉加酒糟发酵，蒸制七成熟时，在醋糕上洒上肉丝、榨菜丝或虾米等配料。一笼蒸出，约1厘米厚，通常十字开刀切成四瓣。蒸熟即可食，口感绵软，味道独特。把蒸好的醋糕再度下锅，以菜油煎成两面焦黄，吃起来外脆内柔，香味可口，妙不可言。

常山贡面

许多城里人都爱跑到乡下，吃上一碗农妇、村姑烧煮的贡面。在煮沸一锅开水的间隙，巧妇们在灶台上放上一遛弯青瓷碗，依次加入佐料：白如脂的是猪油，香辣通红的是辣椒油，绿油油的葱花，味精、酱油……佐料放齐，水也在锅内冒着水泡，放入贡面，只需在锅内翻腾片刻，便可起锅。迫不及待地夹一筷，匆匆吹上一口热气，咪溜溜地吸入嘴里，细腻爽滑，唇齿留香。

正月里拜年，遇上了祝寿、乔迁等喜日，总有一碗热辣辣、油汪汪的贡面迎接，并在丝丝面条下掩藏两个"子鳖"（像荷包蛋）——此种做法，人们戏称之"猪栏草铺芋子"，殊为有趣。

也只有常山人的精细和巧意才能做出如此独特风味的贡面。常山银丝贡面又叫索面、"两头黑"，意指起早贪黑，道尽贡面制作的艰辛。相传宋朝皇帝喜食此面，历史上常山手艺人将加工精细上乘的贡面连同球川镇产的"球川官纸"年年进贡，故称作"贡面"。贡面都是纯手工加工,一大坨面团经过揉粉、开条、打条、上筷、上架、拉面、盘面等10多道工序,逐步做成白如银、细如丝的贡面,手法令人眼花缭乱,让人觉得拉面师傅的手艺在他们面前简直是"小巫见大巫",当金色的阳光透过薄云,丝丝缕缕地洒落下来时,农户们便扛出插满面筷子的面条架,然后依次用暗劲拉扯,数百双面筷子上手指般粗的面条顷刻形成精细均匀的丝面,数米长的"万千银丝"迎微风飘拂而不断,犹如一幅幅精致的工艺品。

球川雪片糕

雪片糕名不虚传,其片如薄纸,色白如雪,入口即化,甜度适中,唇齿留香。别小看了一包雪片糕,工序繁多,要将糯米洗净、晒干、炒熟、回潮一星期左右,再烘干、碾碎,加白糖调成粉状,冲水炒匀,添桂花晶,然后扎实切片包装。雪片糕的吃法毫不逊色于"奥利奥"饼干的,撕下一片蘸点牛奶、豆奶,风味无比独特。

芳村狗肉

俗话说,"狗肉滚三滚,神仙站不稳",可见其香味的诱人魅力。寒冬腊月,北风凛冽的时节,吃点狗肉,就会全身发热。

狗肉本是冬令美食之一,但芳村狗肉以其独特的烧制配方,佐以中草药,让人口福不浅,吃狗肉已不分冬夏,有道是:"三伏天吃狗肉避暑,三九天吃狗肉驱寒。"

狗肉的营养价值很高,有滋补壮阳、暖胃活血的功效。在常山,狗肉的吃法很多,最常见的吃法是:先将宰好的狗用山茶油、姜、蒜爆透,再加入陈皮、酒、糖、精盐、味精、汤料等炒匀,转入瓦罐,加入秘不示人的中草药,再用慢火炖至熟,最后,就可以大快朵颐这道被人们誉为游离在"道德"边缘的佳肴了。

球川豆腐——清清白白

常山的球川古镇,豆腐加工户采用手工加工。古老的豆腐坊内,除了磨豆机是现代化的,豆腐灶、沥浆架、榨架、豆腐架都是有些年头的。

"做豆腐如做人,要清清白白。"世代相传的技艺磨练以及坚持采用传统工艺配方,球串豆腐总是与众不同:口感细腻绵滑,营养丰富;

细若凝脂，清鲜柔嫩；托于手中晃动而不散塌，掷于汤中久煮而不沉碎。

球川豆腐其味在清淡中藏着鲜美，吃起来适口清爽生津，可荤可素，且具有减少动脉硬化、促进新陈代谢等医疗保健作用，是人们餐桌上的美味佳肴。

扁食——薄如纸细如绸

南方的馄饨，不断推陈出新，名称也是五花八门。四川叫"抄手"，广东叫"云吞"，湖北称"包面"，江西叫"清汤"，而常山叫馄饨的方言与福建极其相似，称为"扁食"。

常山的扁食薄如纸、细如绸，味道独特。

三头一掌

主要原料：兔头 鸭头 鱼头 鸭掌

衢州三头一掌是衢州的特色小吃，其中"衢州兔头"已经被列入"浙江十大名小吃"，与金华火腿、五芳斋粽子齐名，可谓衢州的"第一珍馐"。关于衢州三头一掌（兔头、鸭头、鱼头、鸭掌）的历史也要从兔头说起！

20世纪50年代，在衢州有一冷冻厂，专杀兔子，毛皮、兔肉各取所需，兔头则无人问津。由于当时生活水平比较低，穷人就把兔头买回家（三分钱一斤）烧着吃，吃完兔头又把骨头（七分钱一斤）晒干拿去卖，卖的钱又去买兔头吃。于是大街小巷吃兔头的习惯慢慢由此而来。一直延续到90年代初兔头才真正"火"起来，不仅风靡衢州，更是传播到全国各地。

游

常山国家地质公园分金钉子、三衢山、青石、常山港4个园区,是以中国第一枚"金钉子"为特色,融碧水青山、山林野趣、人文积淀于一体,以生态旅游、科普旅游(地质古生物化石特色旅游)、科考探险、休闲度假为主题的国家级地质公园。

游览日程与路线

一日游

有三种方案可供选择:

A:地质博物馆—黄泥塘"金钉子"剖面—三衢山风景区

B:地质博物馆—黄泥塘"金钉子"剖面—青石园区

C:地质博物馆—黄泥塘"金钉子"剖面——常山港园区

二日游

【第一天】地质博物馆—黄泥塘"金钉子"剖面—太公山白鹭岛—青石园区

【第二天】三衢山风景区—常山港园区

三日游

【第一天】地质博物馆—黄泥塘"金钉子"剖面—石崆山华严寺—太公山白鹭岛

【第二天】常山港曲流景观—湖澄祖庙—黄岗山风景区。夜宿黄冈山。

【第三天】三衢山风景区—樊氏大宗祠—青石园区

购

常山县名优特新农产品众多,其中常山胡柚、食用菌、油茶、常山乌桃、常山银毫等在国内享有较高的知名度,先后被命名为"中国常山胡柚之乡"、"中国油茶之乡"、"中国食用菌之乡"。常山胡柚为柚与其他柑类天然杂交而成,唯常山县所独有,被农业部绿色食品发展中心授予"绿色食品",被誉为"果中珍品、国之瑰宝"。

常山胡柚

常山胡柚是浙江省常山县特有的地方柑橘良种,系柚子与其他柑橘天然杂交而成,已有一百年的栽培历史。色泽金黄,大小适中、甜酸可口、甘中微苦、风味独具,是少有的凉性水果。1996年,常山县被国家命名为"中国常山胡柚之乡",成为闻名遐迩的"柚都"。常山胡柚具有清凉祛火、镇咳化痰、降低血糖、润喉醒酒、养颜益寿等诸多药理功效,是老少皆宜的集营养、食疗保健、美容、延年于一体的纯天然的保健绿色食品。在常山旅游结束后,带一箱胡柚馈赠亲友,会让大家回味无穷。

乌桃

乌桃,因外观黑色而得名。果肉紫红,味甜微酸,爽口适宜,营养丰富,核易剥离,可食部分高达92%以上,具有健胃助消化功能,原系高山野生水果,常山人工栽培历史已有200余年。

常山油茶

常山又是"中国油茶之乡"。茶油的主要成分是以油酸和甘油酸为主的不饱和脂肪酸,不含胆固醇和黄曲霉素,不会引发血管硬化、血压上升,是最好的食用油。

常山食用菌

常山是"中国食用菌之乡",从1978年培养出"常山猴头"开始,至今已拥有猴头菇、金针菇、草菇、香菇、平菇、灵芝、鸡腿菇、杏鲍菇等八大类十余个品种。其中"99"号猴头、"851"黄色金针菇、"9013"白色金针菇三种为常山特有，口感特异，营养丰富，为国宴所选用。

常山银毫

产于云蒸霞蔚高山茶区的天绿牌常山银毫，以一芽一叶采制加工而成。叶形翠绿显毫，香气浓郁持久，口感鲜醇甘甜，汤色嫩绿明亮。1991年，被国家旅游局，浙江省人民政府授予"名茶新秀"奖杯。1995年，获二届中国农业博览会金奖。

柚乡春茶叶

柚乡春名茶，采用优质顶芽为原料，从采摘到加工成品及包装，均采用科学工艺和先进的包装技术。具有形秀毫显，色泽绿润，高鲜嫩香，滋味醇厚，具有提神益思、生津解渴、消食除腻、防病健美、益寿延年之功效，是色、香、味、形皆优的绿茶之珍品，品位高雅，包装精美，是招待贵宾、馈赠亲朋好友之理想佳品。

1993年参加浙江省林业系统评比荣获名茶称号，并获系列包装一等奖，之后又获得"1994中国食品及食品包装技术博览会金奖"。

青石与花石

青石与花石，是"中国观赏石之乡——石城常山"最靓丽的名片。那千奇百怪，造型美观的石头，就是一幅美妙的图画，一曲动听的乐章。青石镇砚瓦山村是华东地区最大的石市，游客在那里可以选购各类精美石品和组合盆景，既能布置庭院，美化家居，也是对常山旅游最有价值的永久纪念。

常山佛柚

常山佛柚是一个优质香抛品种，1997年12月荣获浙江省优质名牌柑桔银奖。

常山佛柚果实呈梨形或扁圆形，果型端正，果皮细致光滑、色橙黄。果顶部位有一明显圆印，皮薄，果肉

洁白、脆嫩多汁、甜酸适口、风味浓郁，无核或有少量退化籽。果实香气浓，且持久，置于房内能使满室生香。

常山佛柚一般成熟期在11月上中旬，果实采摘后，立即食用，口感就极好，也可贮至次年2-3月份，春节期间作为送礼佳品。

粉葛

葛有"江南人参"之美誉，人称"南葛北参"，是上乘药食两用食品之一。葛富含葛根素、黄豆甙元及人体所需的13种氨基酸，含黄酮类物质总量达12％；具有升阳健肌、除烦止渴、滋补营养、清热解毒、延年益寿等功效。对牙痛、鼻衄、醉酒、呕逆、热疮等症状都有治疗作用。

松香门野生小鱼干

松香门鱼干是以新鲜的野生小鱼为原料，经过高温蒸煮、烘干等程序精制而成，鱼香味浓郁，蛋白质含量高，易分解、易消化，鱼干呈金黄色稍透明，长约12厘米左右，通体无鳞，作为整体性食物应用，而整体性食物目前作为一种天然的"长寿食品"为国际营养学所确认。

西砚

西砚，石质原材料采自于常山本土砚瓦山，经过雕刻加工，古朴坚实、细腻润泽、易于发墨、保水护毫，并和玉眼、金星、巧色，所具石色为国内唯一，纹理耐人寻味，位历代文人画家所珍爱。原《人民日报》报社社长邵华泽专门为之题词"藏玉砚"。

该礼品既是工艺品具有收藏价值，也是旅游纪念品，有很好的纪念价值，充分切合了常山"石里柚香、生态常山"，"非常之山、柚石之乡"的形象，是常山对外展示的一张极具代表性的"名片。

娱

常山国家地质公园以县城为中心的城镇内，歌舞厅、影剧院、文化广场、健身中心、度假村等休闲娱乐场所众多，游客可以根据自己的兴趣和需要，选择参与不同的休闲娱乐活动。常山的民俗文化项目多姿多彩，新昌钢叉舞、金川扁担舞、宋畈跳竹马、乡土道情、古朴典雅，繁花似锦，尽显千年古城丰富的历史文化底蕴。让游客们带着对"柚都石城"山水风物的美好记忆，身心俱健地踏上归途。

新昌钢叉舞

新昌钢叉舞是一种粗犷的民间舞蹈，200年前由江西南丰传入。舞者由□~40人组成，抛钢叉并配以锣鼓；□叉舞可以由4个人站在八仙桌上向下□钢叉，也可以围圈互抛，或排队走□舞。初以驱邪镇鬼为目的，后演化为民间娱乐。曾多次参加县、市、省会演，现为政府保护的历史文化项目。

金川扁担舞

金川扁担舞兴起于20世纪50年代，由18人组成，舞形按东、南、西、北、中每角4人，中间2人排列。主要道具是扁担和柴刀，用柴刀、扁担的敲击声代之以伴奏，舞蹈时间持续约3分钟，以表现农民翻身做主人的喜悦心情。该舞兴起于金川村，目前多由当地村民自发组织，流行较广。

乡土道情

道情是以民间传说和新鲜见闻为题材的演唱曲艺节目，折子戏唱词多用地方乡土语调。演唱班子配备有司鼓、正吹、副吹、三样（大锣、钹、琴）、小锣等，非常热闹。

宋畈跳竹马

宋畈跳竹马起源于明末,在衢州市范围内独一无二,是优秀传统文艺瑰宝,如今已被列入省级非物质遗产。从纸糊的骏马到竹篾制扎和绸布制作的竹马都很别具风格。据说跳竹马是五爱村村民的祖先为纪念朱元璋当年打天下而特有的一项民间活动,马是朱元璋的宠物,人们认为神马是可以驱神保平安的吉祥物。

竹马由红、白、蓝、黄、黑五种颜色组成,5只马为一组,一般使用睦剧音乐配套演出。

管理机构与接待服务

常山国家地质公园归属常山县旅游管理局管辖,负责地质公园的保护管理、规划建设和开发利用工作。地质公园的旅游市场开发与游客接待服务,则主要由县风景旅游管理局下属的天马、华夏、青年、山水、春秋等五家旅行社负责承担。

常山县主要旅行社名录

常山天马旅行社	电话:0570－5014266
常山华夏旅行社	电话:0570－5022788
常山山水旅行社	电话:0570－5016234
常山青年旅行社	电话:0570－5020234
常山春秋旅行社	电话:0570－5891666

中国国家地质公园丛书编制出版编目
ZHONGGUO GUOJIA DIZHIGONGYUAN CONGSHU BIANZHI CHUBAN BIANMU

卷本编号	分册序号	国家地质公园名录		卷本编号	分册序号	国家地质公园名录
第一卷		**北京卷**		8	226	内蒙古清水河老牛湾地质公园
1	025	北京石花洞国家地质公园		9	236	内蒙古四子王地质公园
2	036	北京延庆硅化木国家地质公园		**第六卷**		**辽宁卷**
3	062	北京十渡国家地质公园		1	049	辽宁朝阳鸟化石国家地质公园
4	166	北京密云云蒙山国家地质公园		2	125	大连滨海国家地质公园
5	175	北京平谷黄松峪国家地质公园		3	130	辽宁本溪国家地质公园
第二卷		**天津卷**		4	137	大连冰峪沟国家地质公园
1	019	天津蓟县国家地质公园		5	225	辽宁锦州古生物化石和花岗岩地质公园
第三卷		**河北卷**		6	241	辽宁葫芦岛龙潭大峡谷地质公园
1	027	河北涞源白石山国家地质公园		**第七卷**		**吉林卷**
2	029	河北秦皇岛柳江国家地质公园		1	077	吉林靖宇火山矿泉群国家地质公园
3	032	河北阜平天生桥国家地质公园		2	140	吉林长白山火山国家地质公园
4	069	河北赞皇嶂石岩国家地质公园		3	181	吉林乾安泥林国家地质公园
5	070	河北涞水野三坡国家地质公园		4	207	吉林抚松国家地质公园
6	100	河北临城国家地质公园		5	230	吉林四平地质公园
7	108	河北武安国家地质公园		**第八卷**		**黑龙江卷**
8	165	河北兴隆国家地质公园		1	006	黑龙江五大连池火山地貌国家地质公园
9	170	河北迁安—迁西国家地质公园		2	024	黑龙江嘉荫恐龙国家地质公园
10	192	河北邢台峡谷群国家地质公园		3	083	黑龙江伊春花岗岩石林国家地质公园
11	206	河北承德国家地质公园		4	090	黑龙江镜泊湖国家地质公园
第四卷		**山西卷**		5	127	黑龙江兴凯湖国家地质公园
1	030	黄河壶口瀑布国家地质公园		6	179	黑龙江伊春小兴安岭国家地质公园
2	120	山西五台山国家地质公园		7	219	黑龙江凤凰山国家地质公园
3	133	山西壶关峡谷国家地质公园		8	240	黑龙江山口地质公园
4	134	山西宁武冰洞国家地质公园		**第九卷**		**上海卷**
5	177	山西陵川王莽岭国家地质公园		1	138	上海崇明岛国家地质公园
6	183	山西大同火山群国家地质公园		**第十卷**		**江苏卷**
7	191	山西平顺天脊山国家地质公园		1	075	江苏苏州太湖西山国家地质公园
8	195	山西永和黄河蛇曲国家地质公园		2	121	江苏六合国家地质公园
9	228	山西榆社古生物化石国家地质公园		3	158	江苏江宁汤山方山国家地质公园
第五卷		**内蒙古卷**		4	239	江苏连云港花果山地质公园
1	014	内蒙古克什克腾国家地质公园		**第十一卷**		**浙江卷**
2	066	内蒙古阿尔山国家地质公园		1	026	浙江常山国家地质公园
3	122	内蒙古阿拉善沙漠国家地质公园		2	038	浙江临海国家地质公园
4	147	内蒙古二连浩特国家地质公园		3	047	浙江雁荡山国家地质公园
5	159	内蒙古宁城国家地质公园		4	055	浙江新昌硅化木国家地质公园
6	208	内蒙古巴彦淖尔国家地质公园				
7	210	内蒙古鄂尔多斯国家地质公园				

中国国家地质公园丛书编制出版编目
ZHONGGUO GUOJIA DIZHIGONGYUAN CONGSHU BIANZHI CHUBAN BIANMU

卷本编号	分册序号	国家地质公园名录

第十二卷　安徽卷

1	012	安徽黄山国家地质公园 ■
2	028	安徽齐云山国家地质公园
3	035	安徽浮山国家地质公园
4	041	安徽淮南八公山国家地质公园
5	060	安徽祁门牯牛降国家地质公园
6	089	安徽天柱山国家地质公园
7	092	安徽大别山（六安）国家地质公园
8	145	安徽池州九华山国家地质公园
9	182	安徽凤阳韭山国家地质公园 ■
10	198	安徽广德太极洞国家地质公园
11	200	安徽丫山国家地质公园
12	229	安徽灵璧磬云山地质公园
13	237	安徽繁昌马仁山地质公园

第十三卷　福建卷

1	008	福建漳州滨海火山地貌国家地质公园
2	021	福建大金湖国家地质公园 ■
3	058	福建晋江深沪湾国家地质公园
4	067	福建福鼎太姥山国家地质公园
5	078	福建宁化天鹅洞群国家地质公园
6	091	福建德化石牛山国家地质公园
7	096	福建屏南白水洋国家地质公园
8	103	福建永安国家地质公园
9	149	福建连城冠豸山国家地质公园
10	167	福建白云山国家地质公园
11	194	福建平和灵通山国家地质公园
12	197	福建政和佛子山国家地质公园
13	231	福建清流温泉地质公园
14	232	福建三明郊野地质公园

第十四卷　江西卷

1	004	江西庐山第四纪冰川国家地质公园 ■
2	011	江西龙虎山丹霞地貌国家地质公园
3	102	江西三清山国家地质公园
4	124	江西武功山国家地质公园
5	234	江西石城地质公园

第十五卷　山东卷

1	018	山东山旺国家地质公园
2	034	山东枣庄熊耳山国家地质公园
3	079	山东东营黄河三角洲国家地质公园
4	086	山东泰山国家地质公园
5	101	山东沂蒙山国家地质公园 ■
6	114	山东长山列岛国家地质公园
7	144	山东诸城恐龙国家地质公园 ■
8	164	山东青州国家地质公园 ■
9	185	山东莱阳白垩纪国家地质公园
10	202	山东沂源鲁山国家地质公园
11	224	山东昌乐火山地质公园

第十六卷　河南卷

1	003	河南嵩山地层构造国家地质公园 ■
2	022	河南焦作云台山国家地质公园
3	037	河南内乡宝天幔国家地质公园
4	045	河南王屋山国家地质公园
5	051	河南西峡伏牛山国家地质公园
6	054	河南嵖岈山国家地质公园
7	088	河南郑州黄河国家地质公园
8	099	河南关山国家地质公园
9	107	河南洛宁神灵寨国家地质公园
10	110	河南洛阳黛眉山国家地质公园
11	117	河南信阳金刚台国家地质公园
12	173	河南小秦岭国家地质公园
13	176	河南红旗渠—林虑山国家地质公园
14	211	河南汝阳恐龙国家地质公园
15	214	河南尧山国家地质公园

第十七卷　湖北卷

1	073	长江三峡国家地质公园（湖北）
2	104	湖北神农架国家地质公园
3	132	湖北木兰山国家地质公园
4	136	湖北郧县恐龙蛋化石群国家地质公园
5	143	湖北武当山国家地质公园 ■
6	171	湖北黄冈大别山国家地质公园 ■
7	203	湖北五峰国家地质公园
8	213	湖北咸宁九宫山—温泉国家地质公园
9	220	湖北恩施腾龙洞大峡谷地质公园
10	223	湖北长阳清江地质公园

第十八卷　湖南卷

| 1 | 002 | 湖南张家界砂岩峰林国家地质公园 ■ |

卷本编号	分册序号	国家地质公园名录
2	042	湖南郴州飞天山国家地质公园
3	043	湖南崀山国家地质公园
4	098	湖南凤凰国家地质公园
5	118	湖南古丈红石林国家地质公园
6	126	湖南酒埠江国家地质公园
7	154	湖南乌龙山国家地质公园
8	169	湖南湄江国家地质公园
9	196	湖南平江石牛寨国家地质公园
10	218	湖南浏阳大围山国家地质公园
11	222	湖南通道万佛山地质公园
12	227	湖南安化雪峰湖地质公园

第十九卷　广东卷

1	016	广东丹霞山国家地质公园
2	031	广东湛江湖光岩国家地质公园
3	081	广东佛山西樵山国家地质公园
	085	广东阳春凌霄岩国家地质公园
	093	广东深圳大鹏半岛国家地质公园
	097	广东封开国家地质公园
7	135	广东恩平地热国家地质公园
8	168	广东阳山国家地质公园

第二十卷　广西卷

1	044	广西资源国家地质公园
2	050	广西百色乐业大石围天坑群国家地质公园
3	053	广西北海涠洲岛火山国家地质公园
4	106	广西凤山岩溶国家地质公园
5	123	广西鹿寨香桥岩溶国家地质公园
6	156	广西大化七百弄国家地质公园
7	163	广西桂平国家地质公园■
8	189	广西宜州水上石林国家地质公园
9	199	广西浦北五皇山国家地质公园
10	221	广西都安地下河地质公园
11	233	广西罗城地质公园

第二十一卷　海南卷

1	074	海南海口石山火山群国家地质公园

第二十二卷　重庆卷

1	065	重庆武隆岩溶国家地质公园
2	073	长江三峡国家地质公园（重庆）

卷本编号	分册序号	国家地质公园名录
3	084	重庆黔江小南海国家地质公园
4	131	重庆云阳龙缸国家地质公园
5	160	重庆万盛国家地质公园
6	178	重庆綦江木化石-恐龙国家地质公园
7	209	重庆酉阳国家地质公园

第二十三卷　四川卷

1	007	四川自贡恐龙古生物国家地质公园
2	010	四川龙门山构造地质国家地质公园
3	017	四川海螺沟国家地质公园
4	020	四川大渡河峡谷国家地质公园
5	033	四川安县生物礁国家地质公园
6	046	四川九寨沟国家地质公园
7	048	四川黄龙国家地质公园
8	064	四川兴文石海国家地质公园■
9	094	四川射洪硅化木国家地质公园
10	095	四川四姑娘山国家地质公园
11	113	四川华蓥山国家地质公园
12	119	四川江油国家地质公园
13	152	四川大巴山国家地质公园
14	157	四川光雾山—诺水河国家地质公园
15	212	四川青川地震遗迹国家地质公园
16	216	四川绵竹清平—汉旺国家地质公园

第二十四卷　贵州卷

1	052	贵州关岭化石群国家地质公园
2	063	贵州兴义国家地质公园■
3	080	贵州织金洞国家地质公园■
4	082	贵州绥阳双河洞国家地质公园
5	115	贵州六盘水乌蒙山国家地质公园
6	128	贵州平塘国家地质公园
7	150	贵州黔东南苗岭国家地质公园
8	153	贵州思南乌江喀斯特国家地质公园■
9	204	贵州赤水丹霞国家地质公园■

第二十五卷　云南卷

1	001	云南石林岩溶峰林国家地质公园■
2	005	云南澄江动物群古生物国家地质公园
3	015	云南腾冲火山国家地质公园
4	056	云南禄丰恐龙国家地质公园
5	059	云南玉龙黎明—老君山国家地质公园

中国国家地质公园丛书编制出版编目
ZHONGGUO GUOJIA DIZHIGONGYUAN CONGSHU BIANZHI CHUBAN BIANMU

卷本编号	分册序号	国家地质公园名录
6	087	云南大理苍山国家地质公园
7	141	云南丽江玉龙雪山冰川国家地质公园
8	146	云南九乡峡谷洞穴国家地质公园
9	184	云南罗平生物群国家地质公园
10	188	云南泸西阿庐国家地质公园

第二十六卷　西藏卷

1	040	西藏易贡国家地质公园
2	129	西藏札达土林国家地质公园
3	161	西藏羊八井国家地质公园

第二十七卷　陕西卷

1	009	陕西翠华山山崩地质灾害国家地质公园
2	030	黄河壶口瀑布国家地质公园
3	039	陕西洛川黄土国家地质公园
4	111	陕西延川黄河蛇曲国家地质公园
5	162	陕西商南金丝峡国家地质公园
6	180	陕西岚皋南宫山国家地质公园
7	193	陕西柞水溶洞国家地质公园
8	215	陕西耀州照金丹霞国家地质公园

第二十八卷　甘肃卷

1	013	甘肃敦煌雅丹国家地质公园
2	023	甘肃刘家峡恐龙国家地质公园
3	061	甘肃景泰黄河石林国家地质公园
4	071	甘肃平凉崆峒山国家地质公园
5	155	甘肃和政古生物化石国家地质公园
6	172	甘肃天水麦积山国家地质公园
7	190	甘肃炳灵国家地质公园
8	201	甘肃张掖国家地质公园
9	235	甘肃宕昌官鹅沟地质公园
10	238	甘肃临潭冶力关地质公园

第二十九卷　青海卷

1	068	青海尖扎坎布拉国家地质公园
2	105	青海久治年宝玉则国家地质公园
3	112	青海格尔木昆仑山国家地质公园
4	116	青海互助嘉定国家地质公园
5	174	青海贵德国家地质公园
6	205	青海青海湖国家地质公园
7	217	青海玛沁阿尼玛卿山国家地质公园

第三十卷　宁夏卷

1	076	宁夏西吉火石寨国家地质公园
2	151	宁夏灵武国家地质公园

第三十一卷　新疆卷

1	057	新疆布尔津喀纳斯湖国家地质公园
2	072	新疆奇台硅化木—恐龙国家地质公园
3	109	新疆富蕴可可托海国家地质公园
4	142	新疆天山天池国家地质公园
5	148	新疆库车大峡谷国家地质公园
6	186	新疆吐鲁番火焰山国家地质公园
7	187	新疆温宿盐丘国家地质公园

第三十二卷　香港卷

1	139	香港国家地质公园

注：① 《中国国家地质公园丛书》分册编目序号，按照国土资源部公布的各批国家地质公园名录顺序编列。该序号为该公园专用号；
② 《中国国家地质公园丛书》卷本编号按中国地图集各省(市、区)排序编列；
③ 本编目截至2014年1月14日国土资源部公布的第七批国家地质公园资格；
④ ■ 为已出版书目。